그 때
알았더라면
내 사랑이
조 금 은
달라졌을까

그때 알았더라면
내 사랑이 조금은
달라졌을까

초판 1쇄 발행 2016년 11월 25일

지은이 손정연
펴낸이 이지은
펴낸곳 팜파스
기획·편집 박주혜
디자인 박진희
마케팅 정우룡

출판등록 2002년 12월 30일 제10-2536호
주소 서울시 마포구 어울마당로5길 18 팜파스빌딩 2층
대표전화 02-335-3681   **팩스** 02-335-3743
홈페이지 www.pampasbook.com | blog.naver.com/pampasbook
이메일 pampas@pampasbook.com

값 14,000원
ISBN 979-11-7026-128-5 (03180)

이 도서의 국립중앙도서관 출판예정도서목록(CIP)은 서지정보유통지원시스템 홈페이지
(http://seoji.nl.go.kr)와 국가자료공동목록시스템(http://www.nl.go.kr/kolisnet)에서
이용하실 수 있습니다.(CIP제어번호: CIP2016026126)

아직도 모든 답이 사랑이라고 믿는
당신에게 알려주고픈
성숙한 관계의 길

그 때
알았더라면
내 사랑이
조 금 은
달라졌을까

손정연 지음

팜파스

"내가 첫사랑이야?"

곰살궂게 물어본다.

사랑이라고 혹은 사랑이었다고 말할 수 있는 연애 상대가 있는가 하면, '사랑까지는 아니었어.'라는 말로 그 시간을 일축해 버리고 싶은 상대도 있기 마련이다.

대학원의 문학상담 수업에 여러 개의 시를 읽고 가슴을 찌르는 푼크툼(punctum)*을 느꼈던 단어와 문장을 골라서 콜라주 작업을 하는 시간이 있었다. 30분 정도 주어진 시간 동안 내가 선택한 단어들을 조합해서 탄생한 이야기는 이랬다.

겨울의 사랑

이별은 내가 사랑을 유지하는 유일한 자세
나는 미풍에 흔들리는 나뭇가지의 떨림
너는 여백을 채우는 사각 유리창

멀리서 보면 뜨거운 태양의 아침
가까이 가서 보면 어지러운 저녁

허공으로 올라가는 유령의 숨소리들
눈송이와 가까운 가로수에서 서서히 멀어져가는 너

그 거리마다 보란 듯이 네가 있었다.

-2016년 3월 어느 봄날의 저녁-

    나에게는 추억처럼 새겨진 안타까운 사랑이 하나 있다. 그 사랑의 끝은 고마움이었고 동시에 미안함이었다. 멀리에서, 그리고 가까운 곳에서 나를 바라봐주고 지켜주었던 사람에게 결국 나는 감당할 수 없는 두려움을 느꼈고 끝내 이별을 선택했기 때문이다. 그 뒤 찾아온 다른 사랑에서도 나는 이 사람에 대한 미안함과 죄책감을 걷어내는 것이 힘들었다. 좀 더 솔직히 말하자면 그 감정은 연인에게서 느끼는 것이 아니라 보통의 인간관계의 실패에서 느껴지는 감정이라고 해야 더 맞을 것이다.

내가 경험한 사랑들은 지금도 나의 시간 속에 함께 머물기도 하고 때로는 지나쳐 버리기도 하면서 숱한 감정들을 만들어 냈다. 사랑은 내게 기쁨, 즐거움, 행복, 황홀함, 그리움, 절망, 고통, 후회, 긴장, 두려움의 수많은 감정을 가르쳐 주었고 나는 그 속에서 관계의 기술과 인생을 배울 수 있었다.

결국 한 사람을 만나 확신을 갖고 수많은 저울질과 고무줄 싸움을 거치며 더욱 또렷해지는 사랑의 관계. 무엇을 근거로 우리는 그 사랑을 확신할 수 있게 되는 것일까? 또 어떤 이는 갈등의 순간을 비 온 뒤에 땅이 굳어지는 시간으로 지혜롭게 만드는가 하면 어떤 이는 결국 이겨내지 못하고 이별을 선언하기도 한다. 이처럼 우리가 사랑의 시작과 끝을 결정짓는 것에 어떤 에너지가 작용하고 있는 것일까?

예약 없이는 제시간에 식사를 할 수 없는 유명 레스토랑에 남자는 2주전 어렵게 예약을 했다. 그리고 자켓 안쪽 주머니에서 만져지는 이니셜이 새겨진 액세서리를 건네받고 한껏 기뻐할 여자의 모습을 떠올리며 행복한 시간을 확신했다. 하지만 추운 겨울, 예약 시간까지는 1시간이나 남아 있는 상황에서 더 이상 기다리는 것이 힘들었던 여자는 그냥 근처에 바로 들어갈 수 있는 아무 식당이나 가자며 남자의 신경을 건드린다. 물론 이때까지만 해도 여자는 이것이 남자를 화나게 할 거라는 건 몰랐을 것이다. 여자의 요구가 반복되자 남자는 이 반응으로 자신의 노력과 준비가 무시되었다고 생각한다. 어느 순간 여자의 목소리가 요구라기보다는 짜증과 불평으로 들리기 시작한 남자는 여자에게 결국 날카로운 음성으로 "아, 그냥 집에 가자." 라며 뒤돌아서고 만다. 그리고 화가 난 듯 거칠게 자켓 안쪽 주머니에서 작은 상자를 꺼내 쓰레기통에 던져버린다. 며칠 후 남자는 그렇게 행동하는 것이 아니었다며 후회를 하게 된다.

우리는 어째서 이토록 쉽사리 비합리적으로 변해버리는 것일까? 모두가 경험으로 잘 알고 있듯이 우리가 어떤 결정을 내리고 행동을 하는 것에는 감정이 이성적 사고만큼이나 빠르게 작용하는 경우가 많다.

내 감정이 어떤지, 그리고 상대방의 감정이 어떤지를 인식할 수 있다면 어떨까? 그러던 중 나와 상대의 감정 곡선이 관계를 망치는 나쁜 쪽으로 이동하고 있음을 식별하게 된다면 우린 어떤 선택을 하게 될까? 나의 선택이 미치게 될 미래를 보다 객관적으로 그릴 수 있다면 또 어떨까? 순간적으로 폭발하는 감정을 멈출 수 있는 의지와 사고로 변화시킬 수 있는 힘이 주어진다면... 이렇듯 감정이 개입하는 생각의 공간을 스스로 통제할 수 있는 능력이 있다면 조금 더 나와 너의 사랑이 견고해지지 않을까?

미국의 심리학자 대니얼 골먼은 그의 저서 〈Emotional Intelligence(감성지능)>에서 IQ가 높은 사람은 허둥대는 일에 평범한 IQ를 지닌 사람이 놀랄 만큼 능력을 발휘한다면, 거기에는 자기통제, 열성과 끈기, 스스로 동기를 부여하는 능력 등을 포함하는 감성지능(EQ)이 요인으로 작용하기 때문이라고 이야기한다. 더불어 빠른 속도로 이기심과 폭력, 비열함이 공동체적 삶의 미덕을 해체시키는 오늘날에 이런 감성지능이야말로 중요한 의미를 가지고 있으며 이는 감성지능이 감정, 인격, 도덕적 본능의 결합에 따라 좌우되는 것이기 때문이라고 설명한다. 우리가 무엇인가를 결정짓고 행동하는 데에 중요하게 작용하는 감성지능은

- 감정인식(감정의 이해)
- 감정이입(공감)
- 대인관계 기술
- 감정조절능력
- 자기동기부여

로 나눠 볼 수 있다. 나는 이 책을 통해 연애와 사랑의 순간마다 필요한 감성지능의 요소들을 적절하게 대입해 보려한다.

요즘 매스컴을 통해 데이트 폭력이라는 말을 흔하게 듣게 된다. 사랑이라는 이름으로 만나 그 사랑이 올가미가 되어 서로를 망가뜨리기 전에 두

남녀가 느끼고, 선택하고, 결정짓는 수많은 상황 속에서 보다 성숙한 정서가 반영될 수 있기를 희망한다. 결국 사랑은 사람이 하는 것이며 수많은 인간관계의 형태 중 하나이다. 나와 상대방을 알고, 배려하고, 상황을 수용하거나 바꿀 수 있는 힘을 기른다면 지키고픈 사랑을 지킬 수 있을 거라고 나는 생각한다.

또한 사랑의 감정을 나누는 남녀를 비롯해 인간관계에 어려움을 겪고 있는 사람들에게 자신과 타인의 감정을 다루는 방법을 제시할 것이며, 이를 통해 관계를 유지하고 회복할 수 있도록 도움을 주고 싶다.

어떤 사랑이 닥쳐오더라도 막힘없이 잘 헤쳐 나갈 자신이 있는 사람보다는 사랑에 아직은 서툴고, 끝이 두려워 망설이는 사람들이 이 책을 읽어본다면 더욱 좋을 것이다.

---

* 푼크툼(punctum)
프랑스 철학자 롤랑 바르트가 '카메라 루시다'에서 내세운 개념으로 바늘로 피부를 찌르면 아프듯이 사진 속 어느 대상이 내 마음을 '톡' 건드려 기억이나 추억을 떠오르게 하는 것을 말한다.

C O N T E N T S

CHAPTER 02

너여야만 하는
그 모든 이유들,
사 랑

/

#2 기쁨 066

밥은 먹었어

: CHAPTER 01 :

서로가 점점
특별해지기 시작했다,
만 남

설렘

내게 연하는 그저 동생일 뿐이다. 서른이 되어서도 이 생각엔 어떤 흔들림도 없었다. 적어도 이 남자를 만나기 전까지는 말이다. 나보다 세 살이 어렸다. 내가 대학교 4학년 때 입학한 햇병아리. 그저 귀여운 신입생이었다. 고작 예의상 건넨 눈인사 몇 번이 이 남자와의 만남의 전부였다. 사실 그조차도 그랬을 거라는 추측일 뿐 딱히 인사를 나눈 적이 있었나 싶을 정도로 내 관심 밖의 사람이었다. 그저 그랬다. 나에게 남자로서의 매력을 한 번도 어필한 적이 없었던 그 남자가 그날 밤 무엇에 홀린 듯 의지하고 싶은 4살쯤 연상의 오빠처럼 든든하게 느껴지더니 점차 모든 것이 궁금해지기 시작했다.

학교를 졸업한지 한참 된 학과 선후배들이 한자리에 모여 술자리를 가졌던 늦가을의 밤이었다. 그날 우린 멀리 떨어져 앉았기 때문에 말을 섞을 기회가 많지 않았다. 그렇게 술자리는 길어졌고, 시간이 흐르다보니 다함께 한 가지를 이야기하던 목소리에서 어느새 서너 명이 그룹이 되어 이야기를 이어가는 형태로 바뀌어 있었다. 그때 맞은편에서 한 선배와 대화하는 그의 목소리가 나에게 들려오기 시작했다. 그의 목소리는 마치 고요한 적막 속에서 혼자서만 말을 하는 것처럼 내 귀에 또렷하게 전달됐다.

"저도 나이가 이제 어리지 않으니 한 일 년 정도만 더 공부하다가 안 되면 포기하고 일반 직장에 취직하는 것도 생각 중이에요. 언제까지 제 고집대로만 할 수는 없는 거니까요."

진지하게 자신의 진로와 미래에 대한 고민을 선배에게 이야기하는 그가 더 이상 햇병아리 후배도, 동생도 아닌 것처럼 느껴졌다. 술 때문인지, 예상치 못했던 어른스러움에 느낀 당황스러운 감정 때문인지 그 환상은 더욱 크게 팽창되었고 그는 나의 연애 세포를 깨우기 시작했다.

한 가지 분명한 것은 '이 사랑의 끝은 어떤 모습일까?' 보다는 '이 남자에 대해 더 알고 싶다.'는 것이었다.

이상한 감정의
시작

'나의 어떤 부분이 마음에 들었어요?'

'당신은 나를 언제부터 좋아했던 거예요?'

'글쎄, 나는 너를 언제부터 좋아했던 것일까?'

만화책에서 금방 튀어 나온 듯 말쑥한 외모의 드라마 속 남자 주인공은 여자 주인공에게 '우리 사귈래?'라고 물어봐 준다. 지금 이 책을 읽고 있는 당신이 하고 있는 혹은 했던 사랑은 매번 이렇게 시작을 알려 왔는가? 이 질문은 서로의 마음을 확인하기 위해 둘 중 급한 어느 한쪽이 하게 되는 말이다. 그럼 이 말을 꺼낸 순간이 그 사람에게 있어서 사랑이 시작되는 시점일까?

엄격하게 따진다면 아니다. 이 말을 꺼내기 전 이미 상대에 대한 호감이 시작되었을 것이고, 자신의 마음에도 어느 정도 이 사람과 연애라는 것을 해보고 싶다는 확신이 섰기 때문에 물을 수 있었을 것이다. 공식적으로 남녀가 손을 잡기 전 누군가에게 먼저 시작된 사랑의 출발점이 분명히 있을 것이다.

　그럼 도대체 어느 지점이었다고 말하면 좋을까? 사소한 일상에서 상대방이 궁금해지거나 '너라면 어땠을까?'라는 질문을 허공에 대고 수도 없이 하게 될 즈음일까? 아니다. 필자가 생각하는 사랑의 시작은 '내 곁에도 누군가가 있었으면 좋겠어.'라고 생각하는 순간이다. 미지의 그 사람을 향한 사랑이 이미 시작되었다고 말할 수 있지 않을까?

　"긴 생머리에 머리띠를 하고 밝은 색의 원피스를 입은 그녀가 앞에 서있는데 순간 세상이 고요해지더라고요. 주변에 있던 모든 것이 멈춘 것 같았어요." 친한 지인은 아내와의 첫 만남을 이렇게 기억하고 있었다. 우리는 심장이 뛰어서 사랑이라고 믿게 된 것인지, 사랑해서 심장이 뛰게 된 것인지를 속 시원하게 판명하기가 어렵다. 분명한 것은 멀쩡하던 심장이 상대방과 함께 있는 동안은 고장이 나 버린다는 것이다. 그때 느끼는 감정은 설레고 마냥 간지럽기만 하다. 한 번도 경험하지 못한 새로운 땅을 밟았을 때처럼, 꿈에 그리던 영화 속 자연경관을 마주했을 때처럼 입 안 가득 달콤함이 정수리까지 전달될 때의 짜릿함이 온 몸을 타고 심장을 두드리는 것이다. 이것은 분명 예전에는 미처 느껴보지 못했던 설렘의 황홀함이다. 그런가 하면 다른 지인은 "어느 순간 상대방이 나의 이야기를 들어주고 있다는 것이 눈에 들어오기 시작했어요. 그 눈빛을 바라보는데 내가 어떤 이야기를 하더라도 이 사람만은 비난하지 않고 온전히 나를 향해 시선을 그대로 멈춰 줄 것 같은 안도감이 순간 느껴지더라고요." 라며 지금의 애인과 본격적으로 연애를 시작하게 된 이유를 설명했다. 이 또한 누구에게도 느껴보지 못한 편안한 자비로부터 시작된 기쁨의 감정일 것이다. 격정적인 감정을 느끼지 못했다고 해서 나와 너 사이에서 만들어지고 있는 사랑의 무게가 가볍다고 단정 지을 수는 없을 것이다. 나는 이 두 사람이 느낀 감정의 출발은 분명 사랑의 끌림이었다고 생각한다.

쉽게 말해 두 경우 모두 당신은 상대에게 반했고, 끌렸다는 것이다. 상대와 함께 하는 시간동안 당신의 뇌에서 일어나는 화학작용들은 조금은 혼돈스러운 당신의 생각에 어느 정도 확신을 줄지도 모르겠다. 야릇한 기분으로 온몸을 간지럼 태우는 세로토닌은 점점 더 당신을 기쁘게 만들 것이며, 노르아드레날린은 정상궤도에서 벗어난 심장박동으로 당신에게 '저 사람을 놓치면 안 돼!'라는 강한 끌림의 신호를 보내 올 것이다. 이런 사랑의 끌림에 당신은 어떻게 반응할 것인가?

나의 선택을 스스로 신뢰하고 혹여 상대방에게 원치 않는 대답을 듣더라도 소통하려 노력할 것이며 내가 느끼는 감정을 부인하지 않고 용기를 내서 상대를 잡을 것인가? 아니면 나의 단점을 상대방이 모두 알게 되면 실망해서 나를 떠날 것이라고 생각하는가? 또는 역시 나에겐 가당치 않은 사람이라며 헤어짐과 거절이 두려워 시작하기도 전에 포기할 것인가? 그도 아니면 이러한 감정이 계속 지속될 것이라는 확신이 없는데다가 나는 지금도 충분히 행복하니 굳이 타인과 엉켜 골치 아파지는 일은 싫다며 회피할 것인가?

사랑의 감정이 시작되었다고 해서 모두가 그 사랑의 감정을 확인하기 위해 타인과 대화를 시도하고 거기에서 발생하는 문제들을 해결하고자 노력하지는 않는다. 이러한 행동의 원인을 개인마다 가지고 있는 어린 시절 부모와의 애착 경험에서 일부분 답을 구해보는 것도 좋을 것이다. 부모와의 관계에서 만들어진 안정적인 애착은 나와 타인에 대한 사랑에 믿음을 장착시켜 줄 것이다. 반대로 불안정적 애착을 경험했다면 나는 사랑에 대해 강하게 의존하거나 혹은 밀어내며 망설이고, 포기할지도 모른다.

동호회 모임에서 만났다는 커플이 있다. 그들은 함께 활동하는 동호회 사람들이 다 같이 모인 자리에서 다른 이성과 마냥 즐거운 상대방의 모습을 쉽게 받아들이기 힘들다고 했다. 분명 상대방이 다른 사람들과도 좋은 인간관계를 유지했으면 하는 바람이 있는데도 불구하고 현실로 맞닥뜨리는 것은 그리 쉽지 않더라는 것이다. 당연할 것이다. 연애 중 나의 연인이 다른 이성과 친밀한 모습을 보는 것은 누구에게나 신경 쓰이는 일이다. 이때 자신의 애착유형이 안정형인지 불안형인지를 체크해 보길 바란다. 안정형이라면 잠시 느끼는 자연스러운 감정일 것이다. 불안형이라면 상대방에게 불쾌했던 감정을 솔직하게 전하고, 만약 상대방이 그런 부분을 조금 신경써줬을 때 자신이 훨씬 편안해질 수 있을 것 같다면 자신이 수용 가능한 범위를 미리 정해 보는 것이다. 예를 들자면, 다른 이성을 대할 때 수용 가능한 스킨십의 기준 같은 것을 정하는 것이다. 상대방이 내가 정해준 수위를 잘 지켜준다면 나는 금방 안정감을 찾을 수 있을 것이다. 스스로 어떤 말과 행동을 하는 것이 가장 좋은 방법인지에 대한 답을 찾는 것이 어려울 경우에는 느끼고 있는 감정을 솔직히 말하도록 하자. 때로는 솔직한 것이 가장 현명한 답이 되어주기 때문이다.

감정의 신호는
있는 그대로 느낄 것

'사랑일까?'

줄곧 한 사람을 생각하고 있는 나를 발견하고 흠칫 놀란다. 나의 일상 속에 언제부터인지 그 사람이 낯설지 않게 들어와 있다. 먹고 싶은 것, 보고 싶은 것, 가고 싶은 곳마다 옆자리에 그 사람을 그려 넣기 시작한다.

'사랑일거야.'

많은 인파가 몰려 있는 곳이 약속 장소인 경우가 있다. 남편은 큰 키도 아니고 옷차림이 화려한 것도 아니다. 하지만 나는 언제나 많은 사람들 중 남편을 찾는 것이 그리 어렵지 않다. 신기하게도 고개를 들어 딱 한 번 보았는데 멀리서 나를 향해 걸어오거나 서있는 남편을 단박에 알아차리는 것이다. 아마도 나의 모든 신경이 그 순간 남편에게 집중되기 때문일 것이다.

나의 연애가 시작되었는지 혹은 내가 그 사람을 좋아하는 것인지 내 마음을 잘 모르겠다는 사람이 간혹 있다. 하지만 조금만 관심을 기울인다면 그건 그리 어려운 일이 아니다. 그것은 내 마음의 움직임을 알리는 최고의 신호인 감정을 인식하는 것으로부터 시작한다.

그렇다면 우리는 마음의 신호인 감정을 읽기 위해 무엇을 봐야 할까? 바로 나와 상대방의 행동에 집중할 필요가 있다. 나도 모르게 울리지 않는 핸드폰을 만지작거리고 있다. 혹시 고장이라도 난 건 아닌지 내게 메시지를 보내보기도 하고 이것저것 화면 속 메뉴가 제대로 작동되는지도 확인해 본다. 그야말로 몸에서 핸드폰을 한시도 떼지 않는다. 하루의 시간이 이렇게 쏜살같이 흘러감을 느낀 적이 있었는지 기억나질 않는다. 그 사람이 했던 말을 토막토막 잘라서 곱씹어 보기도 한다. 무언가 연애의 단서를 찾고 싶은 강한 욕망으로 모든 일상이 바뀌어 가는 것이다. 분명 우리는 같은 집에 사는 사람이 아님에도 불구하고 매일 함께 일어나고 함께 잠자리에 든다. '일어났을까? 아침은 먹었을까? 지하철을 탔을까? 지금 어디쯤 걷고 있을까? 어떤 음악을 듣고 무엇을 먹었을까? 전화 통화는 누구와 주로 할까? 집에 들어갔을까? TV에서는 어떤 장면이 나오고 있을까? 이불의 색깔은 무슨 색일까? 잠버릇은 있을까?' 꼬리에 꼬리를 무는 끝없는 질문들로 그 사람의 주위를 맴돌고 있는 것이다.

한 마디로 신경이 쓰이는 것이다.

그리고 이렇게 바뀐 일상의 느낌이 귀찮다거나 불편하게 느껴지지 않는다. 어느 날은 가까운 지인으로부터 "너 요즘 부쩍 그 사람 이야기가 많아졌다." 라는 힌트를 얻기도 한다. 그러나 이렇게 많은 부분에서 내가 그 사람을 신경 쓰고 있다는 단서가 포착됨에도 불구하고 나는 여전히 알쏭달쏭 퀴즈를 푸는 것만 같고 아무것도 명확하지 않다. 바로 상대방의 감정을 알지 못하기 때문이다. 이때 불안형과 회피형의 사람들은 나의 감정보다는 상대방이 이 모든 것을 알게 된 후 어떤 반응을 보일지가 두렵기만 하다. 설사 그렇더라도 내가 느끼기 시작한 사랑의 감정을 부인하지는 않았으면 한다.

상대의 감정을 함부로
판단하지 않기

'사랑일까?'

보통의 관계 이상으로 나에게 유독 신경을 써주는 사람이 있다. 내가 고개를 돌려 응시할 때마다 눈이 마주치기도 하고 으레 내 시선이 머무는 곳에는 그 사람도 멈춰있다. '나 원래 이런 거 안 좋아하는데 네가 주는 거니까.' 라는 야릇하지도 않은 말로 야릇한 분위기를 만들어 버리는 사람이 있다.

'사랑일거야.'

썸을 탔던 그 시기, 이런 일이 있었다. 회사에서 일을 하는 도중 전화를 받았다. 그 사람은 내게 목소리가 안 좋다며 어디가 아픈 것인지 물었고 나는 감기 증상인 것 같다고 대답했다. 그리고 얼마나 지났을까. 다시 그 사람에게 전화가 걸려왔고 "우편함에 약 봉투 하나 넣어뒀어요. 퇴근해서 그냥 지나치지 말고 꼭 가지고 들어가요." 라며 전화를 끊었다. 그리고 그 순간 나는 그 사람을 놓치지 않아야겠다는 생각을 했다.

상대방에게 집중하고 있는 나의 감정만으로는 이것이 썸인지조차 갈피를 잡을 수가 없다. 어디까지가 나를 향한 특별한 감정이고 어디까지가 일반적인 인간관계에서 행해지는 배려의 차원인지 머릿속에서는 수십 번씩 결론이 뒤바뀐다. 미제사건을 다루는 전담반만큼이나 나의 모든 촉각은 그 사람의 움직임에 밀착되어 있다. 나의 말 한마디 한마디에 반응하는 그 사람의 표정, 손동작, 눈과 입꼬리의 씰룩거림, 목소리의 높낮이 같은 것들에 집중하고 있는 나를 발견한다. 그렇게라도 이 알쏭달쏭 미제 사건을 풀어보고 싶은 것이다.

그리고 잦은 전화 통화와 문자 메시지, 시간과 상황에 대한 배려, 수줍은 태도, 한껏 치장한 외모, 예의 바른 태도 등에서 여지없이 그 단서들은 모이기 시작한다. 그 사람은 소소한 나의 일상을 궁금해 하고, 걱정해 주고, 공유하려고 노력한다. 그리고 예고 없이 '그때 그 일은 잘 해결했어?' 라며 나도 잊어버리고 있던 나의 일상 속 한 페이지를 떠올리게 해 준다.

그것은 모두 나에 대한 관심이었다.

나의 신경쓰임과 상대의 관심이 이 정도쯤 읽혀진다면 우리 마음속에서의 썸은 이미 시작된 것이다. 제발 상대방의 배려를 모른 척하지 말기 바란다. 안정형의 사람은 상대의 호의에 자신이 갖고 있는 매력을 떠올릴 뿐, 상대의 태도가 비정상적이라거나 한 순간 스치는 감정일 것이라고 치부하지 않는다. 하지만 불안형은 상대의 이런 호의가 언젠가는 끝나게 되는 일시적인 것이라고 생각한다. 회피형은 상대의 호의가 불편하고 왠지 의심스럽기까지 하다.

'나는 나이도 많고 가난한데다 볼품없는 외모인데 왜 나를?'

자신이 가진 매력적인 요소보다는 평소 자신에게 가지고 있던 불만족스러운 요소에 더욱 집중하기 때문이다. 설령 상대의 호의가 이성적 감정에서 출발한 것이 아닐지라도 나라는 사람에 대한 호의임은 분명할 것이다. 억지로 나를 깎아내리면서까지 거부하지 말자.

연애와 사랑에 있어서도 긍정적인 자아상을 가지고 있는 사람에게 더 많은 기회와 성공이 보장된다는 사실을 부인할 수는 없을 것이다. 여기서 말하는 긍정적 자아상이란 무엇일까? 바로 나 스스로를 가치 있는 사람으로 여기는 것이다. 살면서 내가 가치 있다고 느낄 때는 내가 원하는 욕구가 올바르게 충족되는 경우이다. 우리가 원하는 욕구가 충족될 때까지 혼자 힘으로 여러 가지 노력을 하기도 하지만 주변의 도움과 지지적 환경이 마련되었을 때 더욱 효과적으로 충족되는 것이 사실이다. 이렇듯 어린 시절부터 주변 가족과 지인들의 상호작용이 긍정적으로 작용했던 사람은 자연스럽게 타인을 신뢰하고 친절한 존재로 받아들이게 된다. 스스로에 대한 긍정적 자아상을 갖게 됨과 동시에 타인에 대한 모형 또한 긍정적일 수밖에 없는 것이다. 그리고 이것은 연애를 포함해 우리가 경험하게 되는 다양한 인간관계에서 저항이나 회피보다는 친밀감을 편안히 받아들이는 관계 방식을 형성하게 해 준다.

'어차피 나랑은 인연이 아니었던 거지.'

'그날 신호에 한 번도 걸리지 않았더라면 운명이 바뀌었겠지.'

그 시간에 나타나지 않았더라면 혹은 나타났더라면, 비가 오지 않았더라면 혹은 왔더라면...

연애와 사랑은 결국 타이밍이라는 말을 한다. 글쎄. 나는 이것 또한 제대로 본인의 마음을 전달할 용기를 내지 못한 사람들이 사용하는 자기합리화 같은 방어기제라고 생각한다. 결국 연애와 사랑에는 타이밍마저 잡을 수 있는 용기와 의지, 결심이 필요한 것이다.

타이밍은 찾아오는 것이 아니라 만들어 내는 것이다.

반응보다
감정에 솔직해져 보기

'나는 너의 사랑이 맞을까?'

'너는 나의 사랑이 맞을까?'

우리가 연애를 시작하는 단계에서 안정기로 발전되기까지 끊임없이 던지는 질문일 것이다. 어렵게 시작된 나의 사랑을 시작도 하기 전에 폐기처분하고 싶지 않다면 이제부터는 추측으로 만들어낸 '~할 거야.' 식의 공식보다는 나와 상대방의 사실적인 감정에 조금 더 주의를 기울여 보라고 당부하고 싶다. 처음 사랑의 시작을 신체적인 반응으로 전달되는 감정에서 찾으려는 사람들도 있다. 또 어느 경우에는 자신의 고착된 인지 안에서 벗어나지 못하고 감정에 이름을 짓기도 한다. 볼이 빨갛게 상기되고, 심장은 빠르게 뛰고, 숨이 가빠오기도 하며, 손에 잔뜩 땀이 나는 상황이라고 가정해 보자. 당신은 왜 이런 신체 반응이 시작되었다고 생각할 것인가? 내일 당장 중요한 시험을 앞두고 있는 불안한 상태이거나 바로 앞에서 무서워하는 큰 개가 으르렁거리고 있는 상황, 또는 번지점프를 하기 직전에 느끼는 전율, 매력적인 이성을 만났을 때 가슴이 두근거리는 순간일 수도 있을 것이다. 전혀 다른 상황이지만 신체로 나타나는 반응은 동일하다는 것이다. 이렇기에 스스로의 기분, 상황 등을 고려하여 세밀하게 알아차리지 못한다면 정확한 감정의 이름표를 붙이지 못함으로 우리는 큰 실수를 저지르게 될 지도 모른다.

모든 사물에는 이름이 존재한다. 덕분에 그 사물의 특징을 정확하고 자세하게 알 수 있고 사용에 익숙해지기도 한다. 이처럼 우리가 느끼는 감정도 정확하게 활용하기 위해서는 감정에 이름을 붙여줄 필요가 있다. 여기에서 이름을 붙인다는 것은 감정의 언어에 익숙해진다는 의미이자 내가 느끼는 감정을 인식한다는 것이다. 우리는 앞서 나와 너의 연애가 시작됨을 짐작할 수 있는 단서로 상대에 대해 신경이 쓰이거나 관심의 대상이 되어 있음을 스스로 인식하는 순간이라고 추측했다. 감성지능에서는 인식이라는 단어 속에는 '자각하고, 이해하며, 식별한다'는 의미를 내포하고 있음에 주목한다. '자각(Awareness)'의 의미는 받아들이고 느끼고 있는 것을 알아차린다는 뜻이다. 예를 들어 길을 걷다가 팔짱을 끼고 다정한 모습으로 걸어가는 커플을 바라보며 머릿속에 며칠 전 처음 만난 A라는 특정 인물을 떠올리고 있다는 것에서 '설렘'의 감정을 스스로 알아차리는 것이다. 그리고 곧 그 사람의 목소리를 내가 듣고 싶어 하며 전화를 기다린다는 것으로 나의 상태를 '자각'하면서, 이런 기분이 설레고도 긴장되는 감정이라고 확신을 가지는 것을 '이해'라고 한다. 또한 이 감정은 시험을 보기

전이나 상사에게 보고서를 제출하기 전 느꼈던 긴장감과는 다른 것임을 분간해내는 것을 '식별'이라고 한다. 이것이 나의 감정을 인식하는 과정이다.

이렇듯 감정을 인식하는 것은 자연적으로 발생하는 계절의 흐름을 여과 없이 수용하는 것과 같은 것이다. GNP가 낮아서, 문맹률이 높다는 등의 이유로 나라별로 계절이 바뀌는 순서가 달라질 리가 없는 것처럼, 감정을 수용하는 것에도 나의 가정환경, 학력, 경제력, 직업 등의 요소가 침입할 이유가 전혀 없다는 것이다.

다만 애착 경험에 있어 불안형과 회피형의 사람들은 자신이 느끼는 감정보다는 이후 발생하는 반응에 집중하다보니 감정 그대로를 수용하는 것이 어려울 것이다. 그래서 이들은 자신의 감정에 솔직하기보다는 고착된 인지의 틀에서 사랑을 축소시키거나 부정적으로 확대시키는 것에 더욱 익숙하고, 상대방의 감정 또한 의심하며 '아닐거야!'로 일축해버리는 실수를 하게 되는 것이다.

용감한 자가 미인을 쟁취하는 것이 아니라 보다 솔직하게 자기감정을 수용할 줄 아는 감정인식의 고수가 미인이든 미남이든 나의 짝을 먼저 만날 수 있는 것이다.

사랑,
논리보다는 감정을 읽는 것

오래도록 염원했던 계약 건이 성사되는 기쁜 일이 일어났을 때 사람마다 반응하는 행동은 다르다. 어떤 이는 두 팔을 번쩍 들며 '됐어!' 라고 소리를 지른다. 어떤 이는 아무 말 없이 양손에 힘을 힘껏 준 상태로 입가에 미소를 머금는다. 신체를 강하게 움직이는 사람, 목소리를 내는 사람, 마음속으로 쾌재를 부르는 사람과 같이 모두 같은 감정을 느꼈지만 겉으로 표현하는 행동에는 다소 차이가 있는 것이다. 그런데 우리들은 유독 연애의 시작에서만큼은 일정한 논리를 적용해서 상대방의 마음을 점치려 하는 경향이 있다.

'왜 만난 지 한 달이나 됐는데 스킨십이 전혀 없지?'
'연애하면 하루에 한 번씩 전화하는 건 당연한 거 아냐?'
'집에 바래다주지 않다니 걱정되지도 않나봐.'

'당연히 친구들 모임보다 나랑 한 약속이 먼저 아니야?'

'어떻게 메시지를 바로바로 안 보낼 수 있지.'

'사랑하면 무조건 다 해 준다던데.'

불안형과 회피형의 사람들이 흔히 연애의 감정을 의심하게 하고 그들의 불안한 마음을 내려놓지 못하게 만드는 상대방의 행동들이다. 어떻게든 요동치는 심장을 진정시키려고 애를 써보지만 머릿속에는 자꾸만 비극적 결말의 드라마가 끝나질 않는다.

하지만 그거 아는가? 나와 상대가 각자 연애 감정과 그 감정을 겉으로 표현하는 외적 행동은 다를 수 있다는 점 말이다. 그것은 나를 사랑하지 않아서가 아니라 그저 행동양식이 다른 것일 뿐이다. 흔히 인간의 마음구조를 빙산에 비유한다. 수면 위로 보이는 빙산의 일각이 어떤 사람의 행동이라면, 보이지 않는 수면 아래는 그 행동의 원인이 되는 그 사람의 지각, 기대, 욕구, 상처 등이 위치한다는 것이다. 하지만 수면 아래를 들여다볼 수 있도록 조금만 노력을 한다면 진짜 마음을 볼 수 있을 것이다. 수면 위와 아래를 연결하는 것이 바로 감정인 것이다. 그러니 내가 사랑의 증거라고 믿고 있는 행동들과 달라서 의심이 되었던 상대방의 행동들이 반대로 그 사람의 세계에서는 사랑의 증거가 될 수도 있다는 것이다. 서로를 향한 짜릿하고 황홀한 감정과 소유 안에서 사랑을 느끼는 사람이 있다면, 각자 개인적 공간과 생활을 지켜주고 지지하는 것에서 편안함과 안전한 사랑의 감정을 느끼는 사람도 있는 것이다. 직장에서 일을 하다보면 연락이 늦어질 수도 있고 약속을 미룰 수도 있다고 생각하는 남자는 애인이 자신의 상황을 이해하고 공감해주는 것이 사랑이라고 믿을 것이다. 하지만 반대로 여자는 사랑하는 사이라면 그 무엇보다도 둘의 관계가 최우선이 되어야 한다고 생각한다. 그래서 남자가 잠깐 쉬는 시간이나 화장실에 가는 시간의 짬을 이용해서라도 연락을 줄 수 있는 것인데 그렇지 않은 것을 보니 사랑이 식었다고 판단해버리고 앞질러 미래를 결정해버리는 실수를 한다. 남자는 여자의 다그치는 행동에 점점 지쳐가게 될지도 모른다.

서로가 상대방의 행동 안에 숨어 있는 감정을 읽지 못한 것에서 범해진 실수이다. 나의 애착 유형이 다행히도 안정형이라면 상대의 불안한 감정을 읽어줄 수 있을 것이다.

"연락이 되지 않아서 걱정했지? 내가 미리 연락을 해줬더라면 좋았을 텐데 미안해. 많이 바빴어. 앞으로 네가 불안하지 않도록 연락 가능한 시간을 미리 알려줄게."

이와 달리 혹시 내가 불안정저항형이라면,

"나는 당신에게 연락이 없으면 불안하고 좋지 않은 생각을 자꾸만 떠올리게 돼. 미리 연락을 주면 좋을 것 같아."

라고 상대에게 요구를 하자. 또는 내가 상대에게 쏟는 에너지가 분산될 수 있도록 혼자 집중할 수 있는 다른 일을 그 시간에 해 보거나 친구를 만나는 것도 내 불안감을 낮춰줄 수 있을 것이다.

나의 연인이 안정형의 사람일지 불안정저항형이나 회피형의 사람일지는 모르는 일이다. 하지만 서로가 감정에 좀 더 솔직해질 수만 있다면 사랑 앞에서 도망치거나 두려워할 필요는 없을 것이다.

운명적 사랑이란
없다

　　　신비스럽고 기상천외한 이야기일수록 신화로서는 손색이 없다. 나는 많은 남녀, 그중에서도 여자의 경우 연애의 시작을 신화화하려는 의지를 더 많이 가지고 있다고 생각한다. 바로 운명적인 만남을 동경하는 것이 이에 속할 것이다. 운명의 순간 느끼는 감정은 그 신화에 더욱 강렬한 믿음을 새기기도 한다. 운명이라는 단어는 일상에서 느끼지 못했던 '상기되고 짜릿하며 황홀한' 감정이 나를 찔러댈 때 사용한다.

　나는 드라마 광이다. 내가 좋아하는 드라마에는 어김없이 사랑이 있다. 남녀 주인공이 겪는 지독한 첫 만남은 두 사람 사이의 긴 인연을 알리는 복선이 된다. '뭐 이런 경우가 다 있어?' 라는 말로 상대방과의 만남을 몸서리칠 정도로 끔찍해 하거나 혹은 '이건 내가 꿈꿔온 사랑이었어.' 라며 첫눈에 반하는 운명적 로맨스처럼 완벽한 사랑의 주제가 또 있을까? 그만큼 우리는 내가 하는 사랑에 있어서만큼은 운명을 포기하고 싶지 않다. 대범한 누군가는 우연을 가장한 계획된 만남을 통해 운명의 순간을 만들고 주인공이 되어 열연을 펼치기도 한다. 하지만 연기자가 아닌 대부분의 우리는 운명적 로맨스를 끝내 포기하지 못하고 운명을 끼워 맞추는 것으로 어떻게든 이어가고야 만다. 이미 시작된 연애에 운명의 옷을 입히기도 한다.

"우와! 나도 지금 핸드폰 버튼 누르고 있었는데... 우린 정말 텔레파시가 통하나봐."

"그 많은 의자 중 왜 하필 우린 바로 옆에 앉았던 걸까?"

"저도 그 음악 정말 좋아하는데 당신도 좋아한다니 소름끼쳤어요."

"저도 캄캄하면 잠을 못자서 불을 꼭 켜고 자는데 저랑 너무 닮았네요."

그야말로 국경, 지역, 장소, 시간 등 물리적 제한을 모두 뚫고 서로 앞에 서 있으니 어떻게든 억지를 부려본다면 '우리는 운명'이다. 운명이 아니라고 주장할만한 근거가 딱히 없기 때문이다. 내가 꿈꿨던 운명적 사랑의 장소는 도서관 앞이었다. 내가 떨어뜨린 책 한 권을 사랑의 반쪽을 채워 줄 소울메이트가 나타나 주워주는 것으로 시작되는 너무도 고루한 이야기. 아이러니하게도 너무도 고루한 운명적 만남이지만 드라마나 영화가 아닌 현실에서는 흔하게 볼 수 없는 경우다. 그럼에도 불구하고 우리는 연애의 시작을 이 운명적 신화로부터 출발하고 싶어 한다. 그리고 오랜 시간 기대하며 상상했던 것들과 오차 없이 충족되어지는 욕구를 통해 더욱 탄탄한 연애 신화를 만들어 갈 수 있을 거라 생각하는 것이다.

"진짜 사랑이라면 시작부터 완벽해야 하지 않나요?"

우리는 소울메이트를 만나고 싶어 한다. 이것은 사랑을 이어갈 분명한 이유가 되어줄 뿐만 아니라 비관적인 사랑의 결말을 상상하지 않아도 될 것 같기 때문이다. 하지만 우리는 당장 한 시간 후조차 무슨 일이 일어날지 모르는 불확실한 세상에서 살고 있다. 강하게 내리쬐는 햇볕 속에서 잔뜩 눈살을 찌푸리며 걸은 것이 불과 몇 초 전인데 갑작스럽게 소나기가 퍼붓기도 하는 것이다. 모든 예외의 경우들을 완벽하게 통제할 수 있는 순간을 만들어 낸다는 것 자체가 불가능하다. 그리고 이 불변의 사실은 사람과 사람 사이에 상호관계를 통해 진행되는 사랑에서도 예외일 수는 없다.

어쩐지 인생의 가장 중요한 키를 그저 운명에 맡긴다는 것은 스스로가 인생의 주인이길 거부하는 것 같다는 생각이 떠나질 않는다. 분명 사랑에는 운명마저도 깰 수 있는 힘이 있기에.

내 눈을 가리는
'완벽한 연애 목록'

〈화성에서 온 남자 금성에서 온 여자〉라는 책을 통해 존 그레이는 모든 연인에게는 '관심, 이해, 존중, 공감, 신뢰, 인정, 감사, 헌신, 격려' 등과 같은 사랑을 통해 충족하고자 하는 12가지의 정서적 욕구가 있다고 말한다. 나는 남녀가 느끼는 연애 감정의 욕구는 대부분 이런 사랑에 대한 욕구에서 크게 벗어나지 않을 것이라고 생각한다. 왜냐하면 이러한 욕구가 충족될 때 비로소 내가 그 사람에게 충분히 사랑받고 있다는 생각에 '깊은 안도'와 '만족'의 감정을 느끼기 때문이다.

나는 수시로 SNS를 살핀다. 타인이 올린 게시글을 모두 열어 보는 편은 아니다. 우선 호기심을 자극하는 글이나 사진일 경우 또는 친한 지인의 게시글일 경우 열어보는 식이다. 읽은 후에는 잘 읽어 봤다는 의미로 '좋아요'를 눌러준다. 반대로 내가 올린 글에도 누군가는 나와 같은 방식으로 '좋아요'를 눌러주고 있을 것이다. 나에게 물었다. 나는 타인의 게시글 중 어떤 내용에 가장 잘 반응하고 있는지에 대해서. 그것은 '엄마와 자녀의 이야기'였다. 그런 내용의 글에는 꼼꼼히 읽어보고 정성껏 댓글을 작성하게 된다. 나 또한 엄마이기 때문이다. 1초도 되지 않는 시간, 그냥 손가락으로 가볍게 터치만 하면 되는 '좋아요' 조차도 감정이 동요되지 않으면 줄 수도, 받을 수도 없다(물론 의미없이 손가락이 움직이는 사람도 있으니 주의!). 내가 지금 그 사람에게 강하게 끌리고 있다면 분명히 누군가를 만나기 전부터 마음속으로 바라고 있던 사랑에 대한 나의 욕구가 그 사람을 통해 충족되는 경험이 있었기에 가능한 것이다. 그 욕구는 변진섭의 노래 '희망사항'의 청바지가 잘 어울리는, 밥을 먹어도 배가 안 나오는, 웃을 때 목젖이 보이는 여자라는 가사처럼 매우 낮은 단계의 생리적 욕구부터 높은 단계의 인정과 자기실현 욕구에 이르기까지 다양할 것이다.

- 나의 문자에 바로 응답하는 사람이었으면 좋겠다.
- 조건보다는 내면을 볼 수 있는 지혜로운 사람이었으면 한다.
- 공감 능력이 좋은 사람이길 바란다.
- 기왕이면 경제적으로 여유 있는 사람이었으면 한다.
- 직업이 뚜렷한 사람이면 좋겠다.
- 영화 보기를 좋아하는 사람이길 바란다.
- 타인을 존중할 줄 아는 인성의 소유자이길 바란다.
- 성실한 사람이어야 한다.
- 뚜렷한 목적과 비전이 있는 사람이었으면 한다.

- 배려할 줄 아는 사람이었으면 좋겠다.
- 기념일을 챙길 줄 아는 로맨틱한 사람이면 좋겠다.
- 부드러움과 강인함을 모두 갖춘 사람이었으면 한다.
- 자기주장이 너무 강하지 않았으면 한다.

당신이 만약 연애를 시작한다면 어떤 사람이 나의 옆에 있어주기를 바라는가? 당신의 이른바 '완벽한 100퍼센트'의 연애 목록에는 어떤 것들이 있는가? 내가 작성한 목록을 모두 충족시켜주는 상대를 만난다면 나는 그것을 '100퍼센트 완벽한 연애'의 시작이라고 인정할 수 있을까? 어느 시선으로 바라보느냐에 따라 70이 100이 되기도, 100이 50으로 추락해버리기도 한다는 생각을 해 본 적 없는가? 불안쟁이들의 눈에는 모든 것이 비관적으로 보이기 마련이다.

'제가 만나게 될 상대가 훤칠한 키에 슈트가 잘 어울리는, 그야말로 만화를 찢고 나온 캐릭터 같은 사람이었으면 좋겠어요. 그렇게만 된다면 완벽한 사랑을 시작할 수 있을 것 같아요.'

정말일까? 그렇지 않다. 아마 이런 화려한 외모의 이성을 만나게 된 불안쟁이 여자는 매일매일 남자친구를 감시하려 들 것이다. 더러는 다른 여성을 대하는 지극히 일반적인 그의 예의 바른 행동에도 '혹시 나보다 저 여자에게 마음이 있는 것은 아닐까?' 라는 생각에 불안함을 내려놓지 못하기도 한다. 그리고 '나 같은 게 저런 멋진 남자를 만난다는 것부터가 말이 안 되잖아.' 라며 섣부른 이별을 준비할 것이다.

100퍼센트 완벽한 상대라는 것이 얼핏 봐서는 상대가 갖춘 조건을 가리키는 것 같으나, 사실은 상대를 들여다보는 나의 마음 거울 상태를 이야기하는 것이다. 자신을 긍정적으로 평가하는 사람이라면 비록 자신이 바라던 이상형에서 조금 부족한 70퍼센트의 상대방과 시작된 연애라도 '나를 만나서 상대방은 좀 더 세상에 맞설 용기를 낼 수 있을 거야. 포기했던 시험도 다시 응시하도록 응원해줘야겠어.'라며 부족한 30퍼센트를 함께 채워나가고자 할 것이다.

이상적인 사랑의 모습은 처음부터 100퍼센트에서 시작하는 것이 아니라 상호의존을 통해 함께 성장하는 것이기 때문이다.

감정의 상호작용엔
변수가 있기 마련

즐겁고, 벅차며, 설레기까지 한 것이 연애다. 더위도 잊은 채 서로의 손을 잡고 길이 끝나는 곳까지 걷고 또 걸을 수 있는 것이 사랑인 것이다. 하지만 이 사랑에 가슴 아픈 이별의 경험이 더해지고 나면 우리는 새로운 사랑을 시작하는 것을 망설이게 되고 연애에 대해 부정적 견해를 갖게 되기도 한다.

C는 친구들에게 지겹도록 자신의 이상형은 무엇을 물어봐도 즉각적으로 정답을 말해줄 수 있을 정도의 높은 지적 수준의 소유자이자 철학적 사유력이 뛰어난 지식인이라고 말해왔다. 그러던 어느 날 책을 하루에 1권씩 읽고 취미로 영화 평론을 쓰며, 수학 공식을 풀다 피타고라스가 궁금해졌다며 몇 주간 도서관에 박혀 동일 장르의 책을 섭렵하는 사람과 연애를 시작하게 되었다. C는 상

대와 함께 개봉 날짜에 맞춰 모든 영화를 보러 다녔고 데이트 장소는 도서관이나 서점인 경우가 많아졌다고 한다. 그저 좋을 것만 같던 C의 연애에 금이 가기 시작한 것은 의외의 부분에서였다. 어느 날부터 영화를 보고 나서 상대방이 물어오는 "영화 어땠어?" 라는 말에 C는 긴장이 되었다고 한다. 상대가 묻는 말에 자신의 솔직한 의견을 말하기보다는 무엇이 정답인지, 이 사람을 실망시키지 않으려면 어떤 대답을 해야 할지를 늘 고민했다는 것이다. 영화를 공부한 적도, 철학책을 읽어본 적도 없었던 C에게는 점차 그를 만나는 것이 마치 어려운 숙제 검사를 받기 위해 선생님 앞에 선 학생처럼 불안하고 두렵기까지한 시간이 되어버렸다고 한다. 자신의 생각이 검열되고 지적당하며 수도 없이 짓밟힌 후에야 C는 상대방과의 이별을 결심했다고 했다.

C는 완벽할 것이라고 기대했던 자신의 연애가 실패로 돌아가자 한동안 자신의 모습이 너무 초라하고 못나 보이기까지 했다고 한다. 급기야 스스로를 자책했다고 했다. 그와 어울리는 사람이 되기 위해 더 노력했어야 했고, 사랑이 실패한 이유는 결국 자신의 지적 수준이 낮아서였다고 생각한 것이다. 자신이 그린 완벽한 이상형에 어울리기 위해서는 자신 또한 철학적이어야 하고 영화를 평론가 수준으로 해석할 수 있어야 했다는 것이다. 그리고 그 정도 수준에 도달하지 못한다면 자신은 영영 좋은 상대와 연애를 할 수 없을 것이라는 생각에까지 이르러 많이 괴로웠다고 했다.

일반적으로 우리는 평소 그리던 이상형의 상대를 만나면 연애 전선에 아무런 문제가 없을 거라고 생각한다. 재료가 완벽하게 준비됐을 때 실패할 확률도 줄어드는 요리처럼 말이다. 하지만 우리는 알고 있다. 똑같은 재료를 가지고 김치찌개를 끓여보지만 "왜 엄마가 끓여준 김치찌개랑 맛이 다른 거지? 분명 같은 김치인데." 라며 당혹스러움을 감추지 못하기도 한다는 것을 말이다. 중요한 것은 단지 재료만이 아니다. 조리시간, 재료를 넣는 타이밍, 불의 세기 조절 등 예상치 못한 변수가 존재한다는 것이다. 사람은 다양한 환경에 반응하는 유기체이다. 어느 방향으로 튈지 모르는 공보다 더 예측할 수 없는 것이 사람이다. 그런 사람이 두 명이 모인 것이다. 분명 완벽할 것 같았던 관계지만 예상치 못한 상대방의 태도에 당황하거나 실망하기도 하고 더러는 벗어나고 싶다는 답답함과 화를 느낄 수도 있는 것이 연애다.

그런데 나는 C의 이야기를 듣고 조금 의외라는 생각을 했다. 사실 C는 보통 인간관계 속에서 항상 자신감 넘치며 때로는 이기적일만큼 자기주장을 피력하려고 애쓰는 타입이다. 그런 C가 타인 앞에서 자신감을 잃거나 그로 인해 긴장을 했다는 것이 신기하기만 했다. 하지만 그럴 수밖에 없는 이유는 바로 사랑도 서로간의 상호작용에 의해 형성되는 것이기 때문이다. 아무리 완벽한 조건으로 상대를 선택했다 하더라도 두 사람간의 상호작용이 어떤 감정과 맞닿아 있을지는 짐작할 수 없는 것이다.

일반적으로 친구나 가족관계에서 느끼는 감정과는 다른 감정, 그렇지만 그것이 흔히 연애 감정이라고 하는 설렘, 기쁨, 흡족한 감정과 사뭇 다른 부정적인 것이라면 그 형태를 세심하게 살필 필요가 있다. 때로는 내 감정이 가리키는 방향을 명확히 아는 것만으로도 우리는 연인 혹은 부부 관계를 재정비할 수 있게 된다. 바로 현재 내가 느끼는 감정이 내 과거와 미래의 자아상을 결정하는 경우도 있기 때문이다.

　현재 나의 감정이 즐겁고 유쾌하다면 중요한 약속일에 장시간 연락이 되지 않는 상대방의 섭섭했던 행동에 '바쁘면 그럴 수도 있지 뭐.'하고 이해하며 평온을 지킬 수 있을 뿐만 아니라 며칠 후 함께 보내기로 한 여름 휴가도 기대와 설렘으로 기다리게 된다. 하지만 현재 느끼는 나의 감정이 좌절과 깊은 한숨이 주를 이루는 우울함이라면 과거 섭섭했던 상대의 행동에 '나를 처음부터 사랑하지 않았던 거야. 난 역시 매력적이지 못한 거야.'로 해석하며 괴로움과 후회를 시작할 것이다. 물론 이때 그리는 두 사람의 미래도 불안하기만 하고 어느 것 하나 희망적일 수 없을 것이다.

　감정을 조절하는 기술보다 더 중요한 것은 감정의 이름을 명확히 하는 것이다.

　상호작용을 통해 생산되는 감정까지도 내가 무엇인가 부족하거나 잘못해서 만들어지는 감정이라고 오해하지 않기를 바란다. 내가 느끼는 감정을 무한대로 참고 감추는 것이 아니라 솔직하게 표현하는 관계를 지향해야만 한다. 결국 좋은 연애 상대란 그 사람의 관심과 사랑으로 인해 나도 스스로를 괜찮은 사람, 사랑받을 자격이 있는 사람이라고 인정할 수 있도록 돕는 사람이다.

피하지 말고
불완전한 감정 느껴보기

마음에 드는 이성은 있지만 확신이 서질 않아 만나보는 것을 주저하는 사람들이 있다.

A_ 저 사람이 나를 얼마만큼 좋아하는지도 모르는데 시작할 수는 없죠.

B_ 만나다보면 서로에 대한 감정을 알아차릴 수 있지 않을까요?

A_ 그 감정이 싫은 쪽으로 치우치면 어떡해요?

B_ 그건 그때 가서 고민해도 되지 않을까요? 혹여 싫어졌다면 차분히 이별을 준비해도 되는 거고요.

A_ 그것처럼 시간 낭비가 어디 있어요? 또 겪게 되는 상처는 어쩌고요? 그러느니 차라리 그냥 시작하지 않는 편이 맞는 것 같아요.

이들이 주저하는 이유는 상대방의 감정을 100퍼센트 정확히 알 수 없기 때문이라고 한다. 지금 당장 결혼을 하라는 이야기가 아니다. 만나봐야 어떤 사람인지 알 수 있고 또 만남을 유지하는 과정에서 사랑으로 진화할 수도, 그냥 지인으로 남을 수도 있지 않은가? 그런데 유독 사랑이라는 감정이 정확하게 확인되지 않는 이상 시작하는 것 자체가 무의미하다면서 만남을 거부하는 사람들이 있다. 이런 사람들이 기대하는 연애의 결말은 아마도 결혼에 머물러 있을 것이다. 연애하는 사람과 결혼해야만 한다는 규칙을 가지고 있을지도 모른다.

연애는 멈춰있는 것이 아니다. 연애와 사랑의 감정은 흐름이며 움직이는 것이다. 오늘은 100보만큼 상대의 영역 안으로 들어간 것 같은데 내일은 다시 50보 튕겨져 나와 있기도 한 것이다. 좁혀졌던 마음의 거리가 불과 몇 분 후에 멀어져 버리기도 하는 것처럼 다양한 감정이 반복되는 것이 연애이다. 처음부터 상대의 마음을 100퍼센트 알 수는 없는 것이다.

내가 6살 때 겪었던 일이다. 나보다 4살 많은 막내 외삼촌과 큰 우물 옆에 있던 호두나무에서 호두를 따 먹었던 기억이 있다. 난 물이 마시고 싶었고 삼촌에게 물을 달라고 했더니 삼촌은 우물 기둥 옆에 세워진 두레박을 가리키며 "저 두레박으로 길어 올려서 마셔." 라고 했다. 나는 긴 줄로 연결된 두레박을 우물에 빠뜨렸고 이내 두레박에 물이 찰랑거리며 채워졌다. 나는 힘껏 두레박이 매달린 굵은 동아줄을 잡아당겼고 그 순간 그만 그대로 고꾸라져 우물 속으로 빠져 들어가고 말았다. 그렇게 우물 속에서 두레박 끈을 잡고 허우적거리고 있었던 나는 한참 후에야 어른들의 손에 끌어올려져 우물 밖으로 나올 수 있었다.

이 사건 때문인지 나는 물에서 노는 것을 그다지 좋아하지 않는다. 보조 장비 없이 수영을 해 본 적도 없었고 수영을 배우려 노력하지 않았다. 몇 번이고 수영을 가르쳐주려 애쓰는 남편에게 "나 물 공포 있잖아. 그래서 수영 못해." 라고 일축해버리기 일쑤였다.

그러다 어느 날 문득 스스로에게 물어보았다. "너 정말 물 공포야?" 난 끔찍하리만큼 물이 싫거나 물속에 들어가는 순간 온 몸에 마비가 오는 정도는 아니다. 그저 물에 뜨지 않는 것뿐이다. 그럼에도 나는 왜 그동안 당당하게 '물 공포' 라고 단정 지어 사람들에게 말했던 것일까? 이유는 간단하다. 그러면 모든 것이 부연 설명 없이도 깔끔하게 해석되기 때문이다. 수영을 배우는 것이 귀찮고, 자칫 실수로 물을 먹게 되는 그 순간이 싫기도 하고, 배워도 실력이 늘지 않을까봐 창피하기도 했던 것이다. 물론 그러면서도 마음속으로는 보조 장비 없이 자유롭게 수영을 하는 사람들에 대해 멋지다는 생각을 하기도 하고 큰 풀장이나 바다에서 수영을 하는 것이 꽤 재미있을 거라는 상상도 해 본다. 하지만 물에 안 뜰거란 생각을 앞세워 이내 체념해 버렸던 것이다. 비겁한 변명이었고 핑계일 뿐이었다.

왜 상대방의 감정을 100퍼센트 알아야하고 확신이 서야만 하는 것일까? 내가 수영을 배우는 과정에서 겪게 될 두려움과 불편함을 미리 짐작하고 피하기 위해 물 공포라고 단정지었듯, 상대의 감정을 정확히 알지 못할 때 겪을 불편한 감정들을 피하고 싶은 핑계는 아닐까? 아마 이런 생각을 하는 사람들은 내가 어린 시절 그랬던 것처럼 스스로 알고 있을 것이다. 나를 비롯한 그 어느 누구의 감정이라도 100퍼센트 확신하는 건 어렵다는 걸 말이다. 왜냐하면 우리는 초, 분 단위로 계속 바뀌는 감정을 수없이 경험해봤기 때문이다. 그렇기에 사랑의 감정에서도 100퍼센트라고 단정 지어 장담할 수 있는 대상을 만나기란 불가능하다. 감정이 가지고 있는 주요 성질 중 하나는 '변한다.'이기 때문이다.

그러기에 우리는 지금 상대방이 나에 대해 느끼는 감정이 100퍼센트 사랑이라는 확신을 찾기보다는 만나는 순간순간 서로의 표정, 제스처, 말투, 대화 등에서 보이는 비언어적 & 언어적 메시지에 담긴 수많은 감정을 100퍼센트, 아니 80퍼센트 알아차리기 위해 노력하는 것, 그것을 목표 삼으면 된다.

'그저 좋은 사람'보다는
'진짜 나'를 보여줄 시간

A_ 공포영화 좋아하세요?

B_ 글쎄요. 좋아하세요?

A_ 좋아하시면 지금 개봉한 ㅇㅇㅇ이 재미있는데 볼까요?

B_ 뭐 좋으실 대로 하세요.

A_ 그럼 이거 봐야 해요? 말아야 해요?

B_ 꼭 보고 싶으시다면 저는 크게 상관없어요.

A_ 뭐 싫은데 억지로 보자고 할 마음은 없고요.

B_ 그 정도는 아니에요. 우리 그냥 봐요.

지금의 대화는 그다지 유쾌하지도 않은데다가 자꾸 원점에서 겉도는 느낌이
있다. 이처럼 단순히 내가 좋아하는 것들에 대한 기호를 드러내지 않거나 상대

방의 기분이 흡족하도록 맞춰주는 것은 연애를 시작한 연인 사이뿐만 아니라 일반적인 인간관계 속에서도 흔히 볼 수 있는 일이다. 충분히 적절한 처세, 좋은 매너로 받아들일 수도 있다는 것이다. 물론 위 상황처럼 지나칠 정도로 서로의 속마음을 드러내지 않는다면 이야기가 조금 달라지지만 일반적으로 서로에 대한 배려로 받아들이고 시작하는 연인 사이에서 호감을 쌓을 수 있는 좋은 기회로 작용하기도 한다.

사람은 누구나 자아의식을 가지고 있다. 그리고 그 개인은 '우리'라는 집단사회 속에서 살아가면서 집단에 의해서 요구되는 태도, 생각, 행동규범, 역할들을 취해야 할 때가 있다. 이것을 분석심리학에서는 페르소나(Persona) 또는 외적 인격이라 부른다. 반대로 내면세계에서 갖고 있는 태도와 자세, 성향을 가리켜 내적 인격이라고 한다. 한 명의 개인인 '나'는 사회생활(집단)을 하는 가운데 내적 인격은 강하게 원치 않더라도 타인의 시선에 자유롭지 못하기에 여러 가지 페르소나를 썼다 벗었다하며 그때그때의 사회에 적응하기도 한다. 그러나 이때의 페르소나는 사회생활에 필요한 수단일 뿐이지 인생의 최종 목표가 되어선 안 되며, 개인의 개성을 대변할 수도 없는 것이다.

그런데 강한 열등감이나 오랫동안 치유되지 않는 상처를 안고 살아가는 사람은 일반적인 관계 속에서 강하게 고착된 페르소나를 벗지 못하고, 연애 상대에게도 줄곧 내가 아닌 타인의 시선에 맞춘 인격으로 대하는 실수를 범하기도 한다. 그러니 기분 좋은 일만 가득한 달콤한 연애 중인데도 불구하고 연인 간에 느껴야 하는 '설렘, 짜릿함, 떨림, 섭섭함, 울적함' 등의 소소한 감정들을 상대방과 공유하는 것이 불편하기만 한 것이다. 연인 관계인데도 직장동료나 상사를 대하는 태도로 행동해 버리기 일쑤다. 상대방 입장에서는 신체의 거리만큼 마음의 거리도 좀처럼 좁혀지지 않아 실망스럽고 상대의 진심이 무엇인지 궁금해 하다가 급기야 두 사람 관계에 대한 기대감까지 점점 떨어지고 만다.

특히 강한 여성, 남성의 이미지로 싱글이 멋져 보인다는 주변의 칭찬을 자주 듣는 그녀 또는 그는 지극히 개인적인 사랑과 연애에 대한 감정보다는 집단의식에 더욱 관심을 갖고 그 기분에 맞는 행동을 취하게 된다. 그러나 진짜 사랑을 하고 싶다면 나의 내적 인격이 무엇을 원하는지 세밀한 탐색전을 시작해야만 할 것이다. 진실한 나의 감정을 드러내는 것이 매너에 어긋난 행동은 아니기 때문에 보다 솔직해질 필요가 있는 것이다.

A_ 공포영화 좋아하세요?

B_ 보고 싶은 영화가 있으세요?

A_ 좋아하는 것까지는 아닌데 딱히 볼만한 영화가 없네요.

B_ 저도 별로인데 오늘은 그럼 공원 산책하는 것이 어때요?

A_ 그거 좋은 생각인데요.

사실 남녀가 사랑에 빠지는 것은 지극히 자연스러운 것이라고 한다. 바로 인간은 타인과 관계를 맺도록 진화하기 때문이다. 보살펴주고 보살핌을 받는 것은 인간의 본성인 것이다. 나의 직무에 대해 평가를 받아야 하는 직장상사에게 비춰지는 모습처럼 매번 기운이 넘치고, 유쾌하며, 모든 지시에 YES로 답해야

하고, 표정은 살짝 미소를 머금어 자신감이 느껴져야 할 필요는 없다는 것이다. 즐거울 땐 즐거움을 표현하고, 슬플 때는 어깨를 빌려 울 수도 있고, 아픈 것은 아프다고 말하며, 섭섭한 것이 있을 땐 원하는 것을 요구할 수 있는 것이 바로 사랑인 것이다. 특별히 한 가지 감정만을 줄곧 보여주는 것이 아니라 관계 속에서 느끼는 다양한 감정을 자유롭게 공유할 수 있을 때 일반적인 관계가 아닌 특별한 연인 사이로 발전할 수 있을 것이다.

내 성향의 단서를 찾음으로서
알 수 있는 것

유독 당신의 마음을 움직이는 사람이 있는가? 거기에는 관심 대상의 외모나 취향, 또는 리더십, 책임감, 배려 등과 같은 태도로부터 추측해볼 수 있는 성격, 강점, 의지 등 여러 가지의 이유가 존재할 것이다. 흔히 사랑이 시작되면 듣는 음악이 달라지고 읽는 책이 달라진다고 한다. 서로 상대방의 취향에 영향을 받는 것이다. 같아서 끌릴 수도, 달라서 끌릴 수도 있다. 같은 것을 공유하는 것이 관계에 도움이 되는가 하면, 상대에게 새로운 관심사를 선물하는 것으로도 호감은 이어질 수 있다. 나의 공간을 공유하고 싶은 이성을 떠올릴 때 느끼는 특이한 점은 내가 만나는 사람들이 어떤 공통점을 가지고 있다는 것이다. 어쩌면 그것의 단서를 찾는 것이 내 사랑의 완성도를 높여주는 중요한 요소가 되어줄 지도 모른다.

이스라엘 텔아비브대학의 유진로젠버그 연구팀은 장에 기생하고 있는 세균이 짝을 선택하는데 영향을 끼친다는 재미있는 연구 결과를 발표했다. 연구진은 노랑 초파리를 두 그룹으로 나눠 A그룹은 전분을, B그룹은 당밀을 먹여 실험실에서 키웠다. 몇 세대가 지난 후 두 그룹의 초파리를 한 공간에 놓았더니 교미에 성공한 38쌍 중 29쌍이 같은 그룹의 짝을 선택했다. 또한 장에서 발견된 박테리아균을 죽이는 항생 물질을 넣었더니 이후 교미에서는 그룹과 상관없이 섞여서 짝을 선택했다고 한다. 비슷한 균을 가지고 있느냐 아니냐에 따라 이성을 선택하는 기준이 달라졌다는 것이다. 물론 장 속 미생물이 인간의 행동에 직접적인 영향을 미친다고 단정 지을 수는 없다. 그럼에도 과학계에서는 인간의 장 속에 살고 있는 '박테로이데테스, 프로보텔라, 루미노코쿠스' 라는 3가지 박테리아에 주목했으며 이러한 박테리아의 종류에 따라 인간의 체질이 분류될 수 있다고 본 것이다.

이 연구결과를 어쩌면 우리가 비슷한 유형의 사람에게 끌리는 것에 대한 단서쯤으로 생각할 수 있을지도 모르겠다. 결국 체질은 그 사람의 행동에 영향을 미칠 것이기 때문이다. 이런 경우 비슷함에서 오는 편안함과 안정감이 연애감정의 답이 된다.

그런가 하면 나와는 다른 이성에게 끌리는 경우도 있다. 남성과 여성은 생물학적으로 구분된다. 또한 심리적으로 서로 다른 관심과 특성을 나타내고 사회적으로도 집단 안에서 서로 다른 역할을 수행하도록 요구되어왔다. 칼 구스타브 융(Carl Gustav Jung)은 남성에게도 여성 호르몬이 있고 여성에게도 남성 호르몬이 있듯이 남성과 여성의 무의식 속 내적 인격에는 서로 다른 이성의 인격이 자리하고 있다고 했다. 남성 속의 여성인 아니마(Anima), 여성 속의 남성인 아니무스(Animus)로 설명했다. 융의 이론을 빌어 말해본다면 한 사람은 외적 인격과 내적 인격이 일체되었을 때 비로소 자기가 완성되므로, 완성되지 않은 반대 성의 내적 인격의 충족을 위해 우리는 남성과 여성에게 끌리게 되는지도 모르겠다. 그래서 남성성이 강한 사람일수록 여성적 매력이 강한 이성을, 또 여성성이 강한 사람일수록 남성적 매력이 강한 이성에게 더욱 끌리는 것은 아닐까? 이쯤 되면 내가 끌리는 이성을 알아차리기 위해서는 역시 그보다 앞서 나를 먼저 알아차려야 한다는 것을 발견할 수 있을 것이다.

나는 조금 급한 성격을 가졌다. 해 보지 않은 낯선 것에 대한 두려움은 있지만 그것을 하지 않고 피해갈 수 있는 방법이 딱히 없을 때에는 앞뒤 가리지 않고 덤벼드는 무모함, 긍정적으로 풀어본다면 적극성도 가지고 있다. 그리고 경험을 통해 나의 급함과 과한 적극성이 더러는 나에게 양날의 칼로 작용한다는 것을 잘 알고 있다. 그래서 나는 나와 반대되는, 느긋하고 세밀하게 살핀 후 발을 뻗는 성향인 내 남편에게 끌렸다고 생각한다. 만약 그 당시 내가 가진 성격의 양날보다는 한쪽 날의 좋은 점에만 치중하고 있었다면 나는 아마도 나와 같은 유형의 사람에게 더 끌렸을 것이다.

여기에서 중요한 것은 나의 양날을 내 스스로 알아차린 건 그간의 경험 덕분이라는 점이다. 내 사랑의 선택에 있어 조금 더 지혜를 발휘하고 싶다면 경험에 빗대어 보길 바란다.

애착

1970년대 '애착이론'을 처음 주장한 영국의 정신분석가 존 볼비(John Bowlby)의 제자 메리 아인스워스(Mary Ainsworth)는 '낯선 상황' 실험을 했다. 생후 12개월에서 18개월 정도의 아이를 작고 안락하지만 낯선 놀이방에서 관찰하는데 이 방에는 장난감이 넉넉하게 비치되어 있다. 처음에는 아이가 엄마와 함께 있을 때, 그 다음에는 엄마가 없는 상황에서 낯선 사람과 함께 있을 때, 마지막으로 엄마가 되돌아온 후에 각각 아이들을 관찰하는 것이다. 이 실험을 통해 얻어진 준거들을 적용해서 존 볼비는 세 가지 주요한 애착유형을 설명했다.

첫 번째는 안정형(70%)이다. 엄마에게 안정적으로 애착되어 있으며 이들의 주요 특징은 활발하게 논다는 것이다. 엄마와 짧은 이별 후 고통을 겪을 때도 엄마와의 접촉을 시도하는 데 있어 적극적이며, 엄마와의 접촉 후에는 곧바로 안정을 되찾으며 놀이에 몰두한다.

두 번째는 불안정적 회피형(20%)이다. 엄마에게 불안하게 애착되어 있으며 엄마를 회피한다. 엄마와 이별 후 재회할 때 엄마를 회피하며 다수는 자신의 엄마보다 낯선 사람을 더 친근하게 대한다.

세 번째는 불안정적 저항형(10%)이다. 엄마에게 불안하게 애착되어 있으며 엄마에게 저항한다. 엄마와 가까이 있고 싶어 하고 접촉하려고 시도하는 것과 엄마와의 접촉과 상호작용에 대해 저항하려는 것 사이에서 동요한다. 몇몇은 다른 유아들에 비해 두드러지게 더 화가 나 있으며 소수는 좀 더 수동적인 것이 특징이다.

사람에게 애착이 중요한 이유는 단순히 어린 시절과 성장기 동안에만 개인에게 영향을 미치는 것이 아니라 성인, 중년, 노년의 인생 전반에 걸쳐 인격발달뿐만 아니라 정서적 결핍으로 인한 우울과 불안의 정신병리에도 많은 영향을 미치기 때문이다. 애착의 경험은 성인이 됐을 때도 안정적인 정서 유지와 사람과의 상호작용에 따른 대인관계의 중요한 요인으로 작용하고 있는 것이다. 특히 부모와의 관계가 좋지 않은 경우 감정과 욕구를 부정적으로 처리할 수도 있기에 인간관계에서 발생할 수 있는 다양한 상황들에 대한 합리적인 대처가 어려울 수도 있다. 당신이 지금까지와는 다른 연애를 하고 싶다면 내가 연애를 할 때 상대방을 대하는 방식은 물론 인간관계에 있어서 주로 어떤 태도를 유지하는 사람인지 인식할 수 있어야 한다.

나는 어떤 유형일까?

유형	안정형	회피형 (불안정적 회피형)	불안형 (불안정적 저항형)
다툼이 있을 때	상대방과의 문제에 대해 충분히 소통하고 해결하고자 노력한다. 관계를 위협하는 행동을 하지 않는다.	문제를 키우지 않기 위해 신경 쓰지 않는 척 하지만 마음속으로는 상대방을 비난하고 있다.	화가 나서 감정적으로 반응한다. 계속 전화를 하거나 다그쳐서 상대에게 어떻게든 사과를 받아내야지만 기분이 풀린다.
감정표현의 정도	나와 상대방의 감정이 상호작용을 통해 연결되어 있다고 생각하고 서로를 이해하고자 한다.	서로를 구속하는 것을 싫어한다. 감정 또한 각자의 몫이라고 생각한다. 자신의 행동과 감정을 상대에게 떠넘기려 하지 않는다.	상대로부터 거절당하는 것에 두려움이 있다. 어떤 행동으로 인해 상대방이 실망하고 떠날까봐 항상 신경이 쓰인다. 사랑에 대한 확신을 주기적으로 확인해야지만 마음이 놓인다.
연락이 안 되면	궁금하지만 관계에 대한 믿음이 있기에 다른 일에 집중하며 연락을 기다린다.	상대방에 대한 강한 그리움을 느끼긴 하지만, 일상에서 발생하는 지나친 애정의 감정에 두려움을 느낀다.	나에 대한 사랑이 식었다거나, 다른 사람을 만날지도 모른다는 불안감에 걱정이 되고, 다른 일에 집중할 수 없다.
이별에 대한 반응	한동안 슬퍼하지만 다시 새로운 사람을 만나게 되며 스스로 가치를 저해하는 생각은 하지 않는다.	이별을 빠르게 수용하는 듯하지만 내면에는 옛 연인에 대한 그리움과 동경이 크다. 새로운 사람과 문제가 발생할 경우 옛 연인의 완벽함과 비교해 비난하기도 한다.	스스로 자책과 후회가 크며, 이별을 극복하는 것이 어렵다.

물론 사랑에 있어서 가장 적절한 조합은 안정형에 속하는 사람들 간의 만남

이다. 하지만 두 사람 모두가 반드시 안정형이 아니어도 괜찮다. 두 사람 중 안

정형인 사람이 불안형과 회피형의 상황을 이해하거나 타협하려 노력할 것이기

때문이다.

감정
인식

감성지능의 첫 번째는 '감정 인식'이다. 감정을 인식한다는 것은 지각하고, 이해하며, 식별한다는 것이다. 감정은 현재에 경험하는 것이며, 또 빠르고 정확하게 감정에 이름을 붙일 수 있다는 것은 그만큼 연애의 상황별 대처 행동의 선택에 있어서 합리적일 수 있다는 것을 의미하기도 한다. 감정을 나타내는 단어를 많이 알고 있을수록 감정의 이름을 빠르게 붙이는 것이 가능하며 해당 감정과 연결되어 있는 과거에 대한 집착, 미래에 대한 기대 심리를 추측할 수도 있게 된다. 예를 들어 카페에서 차를 마시거나 음식을 먹으며 딱히 할 말이 없어서 어색한 침묵만 흐르는 경우가 있다. 감정 인식 능력이 뛰어난 사람은 내가 그 어색한 분위기에 불편함을 느낀다면 내가 가진 매력을 상대에게 어필하는 것이 어렵다는 것을 알게 된다. 불편한 감정을 느끼면 누구나 표정이 굳어지고 몸과 마음의 근육이 굳어지면서 부자연스럽게 행동하게 되어 타인이 내게 느끼는 호감도 약해질 수밖에 없기 때문이다. 그래서 그들은 이 같은 결과를 피하기 위해 빠르게 감정에 변화를 줄 수 있는 대처 방법을 떠올린다.

이때 합리적인 대처 방법을 떠올리는 것에 중요하게 작용하는 것은 어떤 자아모델을 가지고 있느냐이다. 긍정적 자아모델을 가지고 있는 사람이 감정 인식 행동에 있어서도 긍정적인 방식을 채택하며, 이것은 '나는 이러이러한 사람이다.' 라는 자아정체감과도 비슷할 수 있다.

또 현재 내가 느끼는 감정은 과거의 상황, 미래에 대한 예측과 연결되어 있다. 예를 들어 분노의 감정은 현재의 상황에 대한 격렬한 대치 상태로, 어떠한 것을 멈추게 하거나 새롭게 시작하려는 의도가 포함된 것이다. 이러한 분노가 과거와 연결되면 '원망, 증오, 분개'가 되며 미래와 연결되면 '부러움, 시기심, 질투'가 된다. 슬픔은 현재의 물리적 또는 심리적 상실을 대변하며 과거와 연결되면 '후회, 죄책감'이 되고 미래와 연결되면 '비관, 절망'이 되기도 한다. 두려움은 현재에 조심해야 할 필요성을 일깨우며 과거와 연결될 경우 '무서움, 공포, 두려움'이 되며 미래와 연결되면 '걱정, 불안, 염려'가 커지기도 한다.

자칫하면 현재 느끼는 부정적인 감정으로 인해 과거와 미래의 내가 영향을 받을 수도 있다는 의미이다. 다시 한 번 강조하지만 감정 조절을 위한 1단계는 감정에 정확한 이름을 붙여주는 것이다.

감정의 세기	강	중	약
행복	흥분되는 짜릿함 황홀 희열 감동받은	신나는 기쁘다 상기됨 흐뭇함 즐거움	흡족함 만족함 느긋함 편안함
슬픔	비참함 비통함 애통함 비루한 낙담한	혼란 후회 울적함 외로움 쓸쓸함	그리움 서운함 기운 없는 안타까움
분노	증오스러운 절망스러운 울화가 치미는 열 받는 억울한	허탈 짜증 답답함 불쾌함 속상한	떨리는 심란한 불편함 약 오르는
두려움	공포 끔찍함 섬뜩한 오싹한 겁나는	무서움 불안함 막막한 초조한 진땀나는	걱정 염려되는 놀란 긴장되는
부끄러움	후회스러운 망신스러운 수치심 모멸감 죄스러움	미안함 비굴함 주눅 든 낯 뜨거움 곤혹스러운	불편함 겸연쩍은 창피함 당황스러운

(출처- 손정연 저, <감성, 비우고 채워라>, 오후의책, 2015)

CHAPTER 02

너여야만 하는
그 모든 이유들,
사   랑

#2

기쁨

나는 사랑을 이렇게 이해하고 싶다. 기꺼이 나의 시간과 공간을 내어주는 것.

매년 묵은해를 보내고 새해를 맞이하는 순간마다 가족과 통화를 했다. 어느새 그는 가족이 아니면서도 한해의 마무리이자 시작의 시간을 함께 하는 사람이 되어 있었다. 12월 31일과 1월 1일을 함께 보냈던 첫해, 우리는 유명한 마술사의 마술 공연을 봤다. 공연 중 카운트다운이 시작되었고 그 순간 한껏 기대에 부풀어 짜릿하게 흥분되는 기분을 느낄 수 있었다. 두 손을 잡고 있었던 우리는 자연스럽게 입맞춤을 했고 나는 그에게 환하게 웃어주었다. 그날은 다행히도 공연장 근처에 밤새 문을 여는 카페나 술집이 많았다. 그 중 적당하게 조용하고 적당하게 은밀한 곳으로 들어갔다. 붉게 빛나는 작은 향초를 사이에 두고 칵테일 한 잔씩을 주문했다. 우리는 그날 처음으로 서로의 가족에 대해 많은 것들을 질문하고 또 진지하게 답했다. 나는 그해 봄에 우리 가족 곁을 떠난 아빠에 대한 이야기를 시작했다.

"와, 어떻게 하면 가족 모두가 아빠를 그렇게 많이 좋아할 수 있어요?"

그냥 한 말이라 할지라도 나는 그때 그가 해 준 말이 두고두고 진실로 고마웠다. 그의 말처럼 나는 아빠를 참 많이 사랑하는 딸이었고 지금도 그 마음에는 조금도 변화가 없다. 사람마다 조금만 건드려도 눈물샘이 터지거나 억눌렸던 감정이 폭발하게 되는 핵심감정이란 것이 있다. 나에겐 아빠가 그랬다. 그만큼 나에게 있어서 아빠 이야기는 가장 소중한 기억이며 동시에 가장 가슴 아픈 것이기도 했다. 나는 내가 아빠 이야기를 할 때 얼마나 행복해 하는지 스스로 잘 알고 있다. 그는 이런 내게 아빠의 이야기를 망설임 없이 꺼내놓을 수 있도록 온몸과 마음의 귀를 열어 들어주었던 것이다.

그렇게 그날 이후 그는 내 기억의 시간과 공간의 이야기를 공유할 수 있도록 허락한 특별한 사람이 되었다.

결말보다는 함께인
이 순간을 느끼기

2013년 개봉했던 '어바웃 타임(About time)'이란 영화가 있었다. 영화가 끝날 무렵 과거로의 시간여행을 할 수 있는 특별한 능력을 가진 남자 주인공에게 같은 능력을 갖고 있는 그의 아버지가 인생을 즐겁게 살 수 있는 방법을 제시한다. 그것은 하루를 그저 평범하게 살아본 후 시간여행을 통해 다시 살 때는 긴장과 걱정을 비우고 여유를 가지고서 주변의 모든 것을 최대한 많이 느껴보라는 것이었다.

듣기 싫은 상사의 질책과 명령, 반복되는 똑같은 일, 바쁜 스케줄에 겨우 편의점 음식들로 때우는 끼니, 녹초가 되어 퇴근하는 길에 지하철 옆자리 사람의 이어폰에서 새어나오는 소음 같은 음악까지, 주인공은 그날을 힘든 하루였다고 정의한다. 그런 후 아버지의 조언대로 다시 하루를 살아본다. 다시 주어진 하루에서는 자신이 느낀 '서운함, 즐거움, 뿌듯함'의 감정을 자유롭게 표현한다.

그리고 이런 그의 표현에 상대방들은 기꺼이 함께 반응해준다. 그는 그날을 꽤 좋은 날이었다고 평가한다.

나는 어떤 강의에서는 영화의 위 장면을 교육생들에게 보여주곤 하는데 그때마다 내 나름대로의 방법 하나를 덧붙인다. 영화에서는 나의 주변에서 일어나는 많은 것들을 느끼라고 조언하지만 사실 '느낀 후 표현'하는 것까지 연결해야지만 진정한 까르페디엠이 될 수 있다고 말이다. 그러나 이 모든 것에 있어서 가장 중요한 것은 바로 여유를 갖는 것이다. 마음이 긴장되어 있거나 걱정거리가 있는 경우 우리는 그 어떤 여유도 찾을 수가 없다. 여유가 없는 사람이 주변을 느끼고 표현한다는 것 자체가 불가능하기 때문이다.

로맨틱 드라마를 보며 우리는 결말을 궁금해 한다. 과연 남녀 주인공의 사랑은 이루어질까? 혹시 몹쓸 병에 걸리지는 않을까? 중간에 두 사람 사이를 훼방놓는 사람들은 없을까? 궁금해 하는 심리 속 기대는 단 하나일 것이다. 두 주인공의 해피엔딩.

오늘이 고마운 사람에게만 해피엔딩은 허락된다.

사랑의 결과를 궁금해 하기보다는 현재를 함께 공유해야 하는 것이다. 나에겐 연인과의 데이트를 죽은 시간이 아닌 산 시간으로 만들 수 있는 방법이 있는가? 그것은 따뜻한 말 한마디, 서로를 마주보는 온화한 눈빛, 함께 잡은 손이면 족할 것이다.

세미나 참여를 위해 이틀 동안 혜화역까지 지하철로 이동한 적이 있었다. 첫 날은 이동하는 1시간 동안 핸드폰을 봤다. 다음 날은 토요일이었는데 주말 출근하는 남편과 함께 동행을 했다. 우리 두 사람은 각자의 핸드폰을 가방에 넣어 두고 이런 저런 이야기를 하며 이동했다. 나는 혼자서 이동할 때보다 더 많이 웃었고 지하철 내부를 여러 번 살펴보았으며 환승 통로를 걸을 때는 서로의 손을 맞잡고 걸었다. 남편과 헤어지고 혜화역에 도착해 출구로 나온 나는 놀라운 경험을 했다. 분명 전날과 변함없는 날씨였고 동일한 길이었다. 하지만 내가 숨을 들이마실 때마다 느껴지는 공기와 뺨을 스치는 바람은 어제의 그것들과는 분명히 달랐다. 그 기분이 마냥 신기했던 나는 다시 한 번 깊게 숨을 들이마셔봤다. 그리고 나도 모르게 '아, 행복해.' 라는 말을 내뱉었다. 그 순간 나는 마치 피톤치드를 가득 뿜어내고 있는 인제의 자작나무 숲길에 서 있는 것만 같았다. 이윽고 고개를 들어 하늘을 쳐다보았고 파란 하늘에 수놓아진 새하얀 구름과 파릇파릇 잎이 돋아난 플라타너스 길을 볼 수 있었다. 찰나의 짧은 시간동안 나는 동화 속 빨강머리 앤이 살았던 초록 지붕 집을 떠올렸다(참고로 나는 빨강머리 앤의 광팬이다). 나는 이 멋진 아침 광경이 지하철로 이동하며 남편과 따뜻한 말로 서로를 웃게 만들어줬던 1시간으로 인해 펼쳐진 것이라는 것을 직감적으로 알 수 있었다. 나는 세미나 장소에 도착하자마자 남편에게 이렇게 문자 메시지를 보냈다.

'이렇게 멋진 아침을 선물해 줘서 고마워'

이 날은 앞으로도 내 삶에 있어서 가장 멋지게 산 시간 중 하나로 기억되어질 것이다. 사랑은 느끼고 표현할 때에만 온전히 내 것이 되어 남아 줄 것이다.

누군가와
사랑에 빠지고 싶다면

"두 사람은 어떻게 연인 사이로 발전한 거야?"

한창 달콤한 사랑에 빠져있는 친구나 지인에게 한번쯤은 물어 본 질문일 것이다. 사랑에 빠지게 되는 이유는 다양하다. 첫눈에 반하거나 여러 차례 만나다 보니 호감이 커지면서 사랑으로 발전하기도 한다. 그런데 여러 해 동안 연애를 해보지 못한 혹은 안 해온 모태 솔로들은 마음에 드는 상대방과 빠르게 관계가 진전될 수 있는 방법들에 솔깃하기 마련이다. 이번 책을 준비하며 여러 자료를 모으던 중 나는 흥미로운 기사를 하나 접하게 되었다. 그것은 '친밀감을 높이는 36가지 질문'이라는 것이었다. 이 질문은 1977년에 심리학자 아서 아론의 연구를 통해 고안된 것인데 최근 뉴욕타임스 칼럼 <To Fall in love with Anyone, Do this>를 통해 소개된 것이었다. 이 질문의 방법은 남녀가 36개의 질문을 서로에게 번갈아가며 던지고 모든 질문을 마친 후 2~4분간 서로를 응시하면 되는 것이었다. 마치 우리가 흔히 알고 있는 100문 100답과 같은 것이라는 생각이 들었다. 이 36가지의 질문을 차근차근 읽어보는데 꽤 설득력이 있다는 생각이 들었다. 단순한 앙케이트에 그치는 것이 아니라 서로의 인생관과 가족관계, 가치관에 대해 알아가는 것으로 상대방을 다면적 측면에서 보다 깊이 이해할 수 있겠다는 생각이 들었다. 또한 상대를 단시간 보아서 대답할 수 있는 수준의 질문이 아니라 장기간 지켜본 후에라야 대답할 수 있는 것들이었다. 서로의 속마음을 알고 싶은 남녀에게, 사랑에 빠지고 싶은 남녀에게 더할 나위 없이 좋은 대화소스가 되겠지만 몇 가지 질문은 다소 진지하기에 상대에게 부담감을 줄 수도 있다. 그래서 나는 이것을 썸의 단계를 벗어나 연애의 시작점에서 중반부를 향해 달리는 연인이나 부부간에 해볼 것을 더욱 추천한다. 재미있었던 것은 내가 게스트로 출연 중인 라디오에서 이 36가지 질문에 대한 이야기를 한 적이 있다. 청취자 중 한 사람은 2~4분 동안 서로의 눈을 피하지 않고 바라볼 수 있는지 시도해 보라는 나의 말에 따라 자신의 남편에게 서로의 눈을 바라보자고 제안했다고 한다. 그런데 남편이 자신을 그윽하게 쳐다보는 것이 아니라 눈싸움을 시작했다는 웃지 못 할 사연을 보내주기도 했다.

다시 질문으로 돌아가 보겠다. 우선 질문은 앞에서 언급했던 것처럼 꽤 구체적이었다. 분명 처음엔 이 질문들이 데이트 중 남녀가 그저 어색한 분위기 전환을 위해 재미삼아 꺼내는 이야깃거리일거라 생각했는데 아니었던 것이다. 어떤 질문은 인생에서 경험했던 많은 것들을 떠오르게도 하고 또 어떤 것은 미래에 대해 꿈을 꾸게도 한다. 대답을 하는 중간에 '나는 누구지?' 라는 스스로에 대한 질문을 아주 자연스럽게 하게 되며 인생의 중요한 가치가 무엇이었는지를 깨닫기도 한다. 그야말로 내 안의 철학적 인간상을 그대로 들여다볼 수 있는 것이다. 그렇다 보니 상대방에 대해서도 정말 진지하게 알아갈 수 있는 도구가 되어준다. 결혼을 하기 전 상대방의 마음속 36가지 생각을 알 수 있다면 어떨까? 그 사람이 나와 어울리는지, 앞으로의 관계가 어떤 곡선을 그리게 될지 어느 정도 윤곽을 드러내줄 수 있을 것이다. 또 질문지를 따라 대화를 하다보면 친밀해질 수밖에 없다. 신기하게도 나와 상대방의 공통점이 하나, 둘 튀어나오기 시작한다. 연애는 나와 성향이 비슷한 사람이어야 한다는 성향도 있고 서로 달라야 상호보완이 되어 좋다는 성향도 있다. 여기에서 중요한 것은 비슷하든 다르든 초반에 서로를 알아가는 과정에서 친밀감을 형성하지 못한다면 관계 발전에 적신호가 뜬다는 사실이다. 사람들은 일반적으로 동질감을 느끼는 사람에게 호감을 느낀다고 한다. 평상시 내 행동, 생각과 비슷한 상대에게 익숙하고 편안한 감정을 느끼기 때문이다. 결국 동질감에서 시작된 친밀감은 연애와 결혼에 있어 중요한 요소라 할 수 있는 서로에 대한 믿음과 신뢰의 바탕이 되어 준다.

친밀감을 높이는 36가지 질문

1. 만약 누구든지 저녁 식사에 초대할 수 있다면 어떤 사람을 초대하고 싶은가?

2. 당신은 유명해지고 싶은가? 그렇다면 어떤 식으로?

3. 평소 전화를 하기 전에 할 말을 미리 연습해 보는가? 그 이유는?

4. 당신이 느끼는 '완벽한' 하루란?

5. 자신에게 마지막으로 노래를 불러준 때는 언제인가? 또 노래를 다른 사람에게 마지막으로 불러준 때는 언제인가?

6. 만약 당신이 90세까지 살 수 있는데, 정신 또는 육체를 30세의 나이로 60년간 유지할 수 있다고 한다. 그렇다면 당신은 정신과 육체 중 어느 것을 선택하겠는가?

7. 당신이 맞이할 죽음의 모습이 어떨지 혼자 은밀하게 생각해 본 적 있는가?

8. 당신과 상대방의 공통점에 대해 세 가지를 말해보라.

9. 인생에서 가장 감사하다고 생각하는 것은 무엇인가?

10. 당신의 성장 환경을 바꿀 수 있다면 어떻게 바꾸고 싶은가?

11. 4분 동안 상대방에게 당신이 살아온 인생에 대해 최대한 자세하게 이야기해보라.

12. 내일 아침에 눈을 떴을 때 당신에게 한 가지의 능력이나 자격이 주어진다면 무엇을 얻고 싶은가?

13. 당신(과거나 미래까지도)에 대해 그 어떤 것이든 보여줄 수 있는 수정 구슬이 있다면 무엇을 알고 싶은가?

14. 지금까지 살면서 오랫동안 하고 싶었던 일이 있다면 무엇인가?

15. 인생에서 가장 큰 성취를 이룬 적이 있다면 무엇인가?

16. 친구와의 우정에서 당신이 가장 중요하다고 생각하는 것은?

17. 당신에게 가장 소중한 기억이 무엇인지 말해보라.

18. 당신에게 가장 끔찍한 기억이 무엇인지 말해보라.

19. 만약 당신이 1년 후에 죽는다는 사실을 갑자기 알게 된다면 지금까지의 삶의 방식을 바꿀 의향이 있는가? 있다면 그 이유는?

20. 당신에게 우정이란 무엇인가?

21. 당신의 인생에서 사랑과 애정은 어떤 의미인가?

22. 상대방의 성격 중에서 장점 다섯 가지를 말해보라.

23. 당신의 가족은 얼마나 화목하고 친밀한가? 당신은 유년 시절에 다른 사람들보다 행복했다고 생각하는가?

24. 당신과 어머니와의 관계는 어떠한가?

25. '우리'(나와 상대방)에 대한 것들을 포함시켜서 세 개의 문장을 만들어보라. (예: 우리는 이곳에서 함께 ooo한 기분을 느끼고 있다.)

26. 'ooo을 함께 공유할 수 있는 사람이 있으면 좋겠다.' 이 문장의 빈칸을 채워보라.

27. 상대방과 베스트 프렌드가 된 사람이 꼭 알아두어야 할 중요한 것에 대해 이야기해보라.

28. 상대방이 마음에 드는 점을 이야기해 보라. 초면인 사람은 말해주지 않는 솔직한 점들로.

29. 당신이 살면서 가장 당황스러웠던 순간을 이야기해 보라.

30. 타인 앞에서 마지막으로 울었던 때는 언제였는가?

31. 지금까지의 대화 중에서 나에 대해 좋게 생각한 부분이 있다면 말해보라.

32. 당신은 절대 농담으로라도 할 수 없는 말이 있는가? 있다면 어떤 말인가?

33. 만약 당신이 오늘 죽게 되었는데 그 누구와도 대화할 틈이 없었다면, 어떤 사람에게 무슨 말을 하지 못한 것이 가장 후회될 것 같은가? 그 말을 왜 하지 못했었는가?

34. 당신의 집에 불이 났는데 사랑하는 사람과 애완동물은 무사히 구했다. 만약 추가로 하나를 더 꺼내올 수 있다면 무엇을 가져올 것인가? 그것을 택한 이유는?

35. 당신의 가족 중에 죽었을 때 가장 슬플 것 같은 사람은 누구인가? 그 이유는?

36. 내가 가진 개인적인 문제를 말해보고 만약 상대방이 나라면 이 문제를 어떻게 해결했을지에 대해 물어보라. 그리고 그 문제를 나 스스로 어떻게 생각하는 것처럼 보였는지 물어보라.

이제 4분간 서로의 눈을 쳐다본다.

처음 이 질문을 고안한 아서 아론은 남녀가 사랑에 빠지기 위해서는 그 감정상태가 저절로 찾아오길 기다리는 것이 아니라 '행동해야 한다.'고 조언했다. 사랑엔 시험을 패스하기 위해 찾는 빠른 암기법 따윈 없는 것이다. 탐스럽게 익은 과일 나무 아래에 당신이 서있다. 이제 그 과일을 손에 쥐기 위한 방법으로 첫 번째, 위력적인 바람과 같은 운명적인 타이밍을 마냥 기다리는 것이 있다. 두 번째, 긴 장대를 가지고 와 안정적으로 딸 수도 있다. 세 번째, 아무런 환경이 준비되어 있지 않다면 맨 몸으로 나무에 오르면 된다.

어떻게든 움직일 것! 그러면 되는 것이다.

내가 바라보는 대로
변하는 마법

"너 요즘 예뻐졌다. 연애하니?"

연애를 시작한 여자들은 왜 하나같이 예뻐지는 것일까? 도대체 무엇이 매일 똑같은 일상 속에서 그녀들을 끌어내 꾸미고, 가꾸게 만들었을까? 그것은 사랑을 조각하는 연애이다.

르네상스 시대의 예술가 미켈란젤로에 관한 이야기가 있다. 그가 조각한 다비드상을 본 누군가가 그에게 어떻게 이런 위대한 조각상을 만들게 되었는지를 물었다고 한다. 미켈란젤로는 "나는 대리석에서 다비드의 이미지를 보았고, 대리석으로부터 그를 꺼내줄 수 있을 때까지 필요 없는 부분들을 깎아내고 다듬었습니다."라고 대답했다. 미국의 심리학자(Stephen Michael Drigotas)는 이 일화에서 착안한 미켈란젤로 효과를 소개했다. 미켈란젤로가 대리석을 다듬어서 이상적인 조각상을 만든 것처럼 연인이나 부부가 서로의 관계에서 이상적으로 여기고 최선의 것들을 이끌어내고자 노력하면 긍정적 효과가 더욱 커진다는 것이다.

좋아하는 연인에게서 "너는 웃는 모습이 참 예뻐." 라는 말을 들은 여성은 그날 저녁 거울 앞에 앉아 한참 동안 웃는 표정을 연습할 것이며, "당신이 추천해주는 책은 재미있고 또 읽고 난 후에도 많은 생각에 빠지게 만드는 것 같아." 라는 말을 들은 남성은 좋은 양서를 고르는 것에 더욱 많은 시간을 투자하게 될 것이다. 좋은 관계를 유지하고 있는 커플이라면 각자의 장점과 특성이 일상에서 발휘될 수 있도록 서로를 지지하며 어떤 부분에서는 이를 통해 개인의 목표까지도 성취하게 만드는 긍정적 효과를 더하게 될 것이다. 즉, 사랑하는 연인에게 좋은 모습을 보여주고 싶은 마음은 내가 원하는 이상적인 '나'와 현실의 '나' 사이에 존재하는 차이를 줄이기 위해 노력하게 할 것이며, 이때 전해지는 상대방의 나에 대한 기대와 지지는 실제 차이를 줄이는데 꽤 긍정적인 방향으로 작용한다는 것이다. 이런 관점에서 본다면 연애란 서로를 이상적인 모습으로 조각해 나가는 과정이며, 이 부분에 있어서 우리는 충분히 좋은 의도를 가지고 서로에게 개입하는 것 또한 가능할 것이다.

연애 시절, 남편은 공무원 시험 준비를 하고 있었다. 결혼 후에도 남편은 같은 시험에서 몇 차례 쓰디쓴 낙방의 고배를 더 마셔야만 했다. 점점 불안과 걱정이 커져가는 남편의 모습을 보는 것이 나도 편치만은 않았다. 나는 남편이 자존심을 상해하지는 않을까 싶어 여러 날을 고민한 끝에 나의 진심을 그도 이해할 것이라는 결론을 내리고 내 생각을 조심스럽게 전했다.

"당신은 인상도 좋고 사람들에게 좋은 매너를 가졌다는 소리도 많이 듣잖아. 내 생각에는 공무원도 좋지만 사람과 관계를 맺는 서비스직에서 일을 하면 더 잘 어울릴 것 같은데 어때?"

남편은 처음에는 의아해 했고 다년간 준비했던 공부를 멈추는 것에도 아쉬움이 있었던 것 같다. 하지만 자신이 가진 장점에 대해 나의 조언대로 한참을 고민한 후에 남편은 서비스직 취업 준비를 위한 아카데미에 등록했고 지금의 직장에 취업할 수 있었다. 그 당시 아카데미를 다니며 취업에 필요한 자격증을 빠르게 취득하고 준비생들 중에서 베스트 스마일에 뽑혔다는 소식을 전해오던 남편의 상기된 표정을 나는 잊을 수가 없다. 우리 부부는 가끔 그때를 추억하며 유쾌한 대화를 이어가곤 한다.

내가 만나고 있는 이성이 더욱 반짝반짝 빛나길 바라는가? 그렇다면 내가 상대방에게 기대하는 바를 긍정적인 방법으로 잘 전하고 있는지 한번 점검해보길 바란다.

"~를 하지 않을 수 없어?"

"도대체 왜 그걸 못 고치는 거야?"

"그게 어울린다고 생각해?"

혹시 상대의 행동을 그저 제지하고 방해하는 형태로 막아서면서 내 옆에 있는 사람이 근사한 사람이었으면 좋겠다는 생각으로 상대에게 폭력을 행사하고 있지는 않은지.

둘만의 사소함들이 쌓여
단단해지다

혹시 두 사람만의 공동 유산을 장착하고 있는가? 이 공동 유산은 서로가 연결된 관계라는 느낌을 준다. 주변의 사람들과는 다른 특별한 존재라는 느낌에 확신을 갖게 되는 계기이기도 하다. 데이트를 즐기며 두 사람이 공통으로 경험한 '라이트모티프(Leitmotiv; 악극, 표제, 음악에서 반복되어 나타나는 중심 악상)'는 연인 간의 친밀도를 높여줄 것이며 누군가에겐 이별의 순간 망설임의 이유가 되기도 한다.

영화 '죠스'는 메인 테마인 '빠~밤 빠~밤 빠밤빠밤~'의 소리만으로도 모든 관객들을 공포로 몰아넣는다. 스티븐 스필버그 감독은 관객들을 무섭게 할 방법을 찾다가 어린 시절 동생들에게 했던 장난이 떠올랐다고 한다. 바로 방 밖에서 왔다 갔다 하며 유령 소리만 내면 동생들은 무서워서 문을 잠그고 소리를 질러

댔다는 것이다. 이것이 스필버그와 그의 동생들만의 라이트모티프인 것이다.

결혼 전 남편은 나에게 노래를 불러주는 것으로 청혼을 했다. 그는 아마도 진지하고 달달한 분위기를 상상했을 지도 모르겠다. 하지만 나는 그 순간 그것이 얼마나 웃기고 당황스러운 일이 될지 미리 알아차릴 수 있었다. 그 당시 나는 남편에게 '제발, 제발 하지마!'라는 말은 차마 하지 못하고 우스꽝스러운 얼굴 표정과 움츠린 몸짓으로 부탁하듯 강렬히 표출했다. 그러나 남편은 끝내 노래를 시작했다. 한동준의 '사랑의 서약'이었다. 역시나 음정과 박자는 제각각 놀았고 급기야 가사도 까먹었는지 3번을 다시 반복한 끝에 노래를 마쳤다. 우린 노래가 끝나자마자 박장대소를 할 수 밖에 없었다. 연애를 하며 가끔 둘이서 노래방을 가곤 했는데 남편은 정말 심각한 음치였던 것이다. 그 뒤로 내가 속상한 일이 있거나 짜증을 내면 갑자기 '사랑의 서약'을 부르기 시작한다. 여전히 음정, 박자는 제각각이며 나 또한 여전히 그날처럼 어이없어하면서 손사래를 치고 '하지마, 하지마!' 라고 소리를 지른다. 그러다가 남편과 눈이 마주치는 순간 바로 그때처럼 박장대소를 하고 만다.

연애시절 지인들 사이에서 얼마간 비밀 연애를 했었다. 어느 날 선후배가 함께 간 여행에서 가장 어린 나이에 속했던 남편은 아무 말도 없이 한참동안 강판에 감자를 갈아 전을 부치는 역할을 담당했다. 그때 내가 일부러 못된 선배 역할을 하며 얄궂은 심부름들로 장난을 쳤던 일, 직장에서 함께 일하는 동료들을 둘만이 알 수 있는 닉네임을 붙여 부르는 일, 이러한 라이트모티프는 그 사건들 속에 두 사람만이 공유한 감정과 부수적으로 연상되는 것들로 서로의 관계를 더욱 끈끈하게 만들어 주는 것이다. 영화의 클라이맥스처럼 커다란 사건이 아니더라도 소소한 일상에서 라이트모티프는 진가를 발휘하는 것 같다.

　올해 봄 '연애의 온도' 전시회에 다녀온 적이 있다. 연애를 시작하는 단계의 온도 37도, 사랑의 안정기에 접어드는 36.5도, 이별의 순간 35도로 부스가 구분되어 있었다. 설렘의 37도가 밝고 화사한 색감으로 앙증맞은 간지러움이 표현되고 있었다면 36.5도는 그야말로 입가에 흐뭇한 미소가 절로 번지게 하는 묘한 매력이 있었다. 가장 머물고 싶은 부스였고, 그 공간에서는 편안한 기분이 느껴졌던 것 같다. 많은 그림들 중에 내가 오랜 시간 멈춰있었던 곳은 요즘 많은 사람들에게 사랑을 받고 있는 일러스트 작가 퍼엉의 그림들이 걸려있는 공간이었다. 퍼엉의 그림은 연인간의 소소한 일상이 가져다주는 행복감을 충분히 살려 그려진 것이 특징이다. 그녀의 책 〈편안하고 사랑스럽고 그래〉를 한 장씩 넘기다 보면 '나도 이런 사랑을 하고 싶다.' 라는 강한 욕구가 생기기도 하고 '그래, 이게 진짜 사랑이지.' 라며 혼잣말로 사랑을 정의 내리기도 한다. 창가에 누워 책을 읽다 잠이 든 모습, 밥을 챙겨주기 시작한 길고양이를 보살피는 연인, 간단한 벌칙을 정하고 하는 보드게임, 일을 끝마치고 해질녘에 테라스에서 서로를 마주보며 마시는 차 한 잔, 손잡고 걷는 골목길, 남자의 트렌치코트 속으로 파묻혀 안겨있는 여자의 모습을 담은 그림들은 마치 연인들의 데이트 코스 같기도, 연인들이 꼭 해봐야 할 100가지 목록 같기도 했다. 이것이 나의 마음에 따뜻하고 폭신한 사랑의 감정을 일으켰던 이유는 하나였다. 소소한 일상 속 로맨스라는 것.

프랑스 철학자 알랭 드 보통은 그의 책 〈왜 나는 너를 사랑하는가〉를 통해 라이트모티프들은 아무리 사소한 것이라고 해도 연인 관계의 유지와 헤어짐에 있어 매우 중요한 접착제 역할을 한다고 말한 바 있다. 당신의 머릿속에서 상상하는 연애의 페이지에 라이트모티프는 잘 그려진 삽화와 같은 역할을 해 줄 것이다. 그저 시간이 지난 후에, 또는 이별 후에 회상하기 위함은 아니다. 일상에서 반복적으로 동일한 행동을 하는 것으로써 처음 사귈 때 느낀 설렘의 감정을 현재시점에서 다시금 생성하고 느끼게 해줄 것이다. 아껴두지 말고 함께 경험한 공동의 유산을 자주, 많이 꺼내어 둘 사이의 대화에 참여시키길 바란다. 단조로운 책이나 어려운 전문서적 속에서도 다양한 형태로 독자를 환기시켜주는 것이 바로 삽화다. 때로는 긴 글을 대신하는 한 장의 삽화가 가슴을 찌를 수도 있기 때문이다.

관계의 적절한 속도는
공감에 맞춰진다

좋은 사람인 것은 분명하고 함께 있으면 좋은 느낌이 들지만 본격적으로 연애를 시작해보자고 마음을 정하기까지는 시간이 필요하다. 만약 상대방도 같은 마음이라면 괜찮을 것이다. 하지만 서로가 적절한 속도라고 생각하는 기준이 다르다면 어느새 상대방이 불편하게 느껴지거나 만남이 따분하게 느껴질 수도 있을 것이다. 어떤 속도가 가장 좋은 속도인지에 대한 정답의 기준은 없다. 다만 나와 상대를 잘 관찰하고 적절한 대화를 시도하는 것으로 두 사람 모두 불편함 없이 관계를 진전시킬 수는 있을 것이다.

나에겐 25년 지기 친구들이 있다. 서로의 가정환경, 경제적인 사정, 건강에 대한 문제, 주변 관계까지 사실 가족만큼 많은 부분을 공유하는 사이다. 사회에서 맺은 많은 인간관계를 마음의 거리를 기준으로 나눠본다면 절친한 사이, 친한 사이, 보통 사이, 그냥 아는 사이 정도로 나눌 수 있을 것이다. 그렇게 나누는 기준은 무엇이라고 생각하는가? 아마도 나의 우월한 부분만 오픈된 사이인지, 우월과 열등한 부분, 즉 고통스럽거나 숨기고픈 비밀을 공유한 사이인지 아닌지에 따라 형성된 친밀감의 정도가 그 기준이 될 것이다. 비록 25년 동안 꾸준한 관계를 유지하지는 않았지만 연인의 관계는 그보다 짧은 시간 안에 나의 많은 부분을 오픈하게 되는 사이다. 그래서 그냥 아는 사이로 10년을 지낸 사람들보다 6개월 만난 연인에게 많은 부분을 기대하고 의존하게 되는 것이다. 그러다 보니 이별은 쓰리고 아플 수밖에 없다는 것을 자연히 알게 되고 동시에 그것이 두려워 앞으로 나가는 속도를 내지 못하기도 한다. 그리고 여기에는 각자의 애착유형이 영향을 준다.

불안형의 사람들은 상대에게 지속적으로 사랑을 확인받아야만 편안함을 느끼는 사람이다. 그래서 상대의 관심과 특별한 대상이라는 대우를 받기 위해 자신의 비밀을 한꺼번에 모두 쏟아내려 할 것이다. 회피형의 사람이 이런 불안형의 사람을 만나게 될 경우 관계는 비관적일 수밖에 없다. 회피형은 진지한 관계로 발전하는 것 자체에 거부감을 느끼기 때문에 상대방의 밀어붙이기식 속도를 감당하는 것이 곤욕스럽기만 할 것이다. 서로가 애착유형이 다르면 결국 관계 속도를 맞추는 것이 불가능한 것일까? 아니다. 친밀감을 어떻게 끌어낼 것인가에 초점을 두면 된다. 서로 상대방이 원하는 욕구나 가치관에 대해 연민으로 반응하거나 공감을 해 주고 있는지를 알 수 있다면 될 것이다. 충분히 서로의 마음을 읽어주고 있다는 생각이 들 때 공유한 고통이나 비밀은 충분히 두 사람의 친밀도를 높이는 데에 기여할 것이며, 어느 한쪽도 불안하거나 불편함 없이 관계 속도를 맞춰갈 수도 있을 것이다.

하루 종일 **빡빡한** 강의 일정으로 녹초가 되어 늦은 밤에 귀가하던 날이었다. 제대로 한 끼도 챙겨먹지 못했지만 피곤한 나머지 먹기보다는 잠을 청하는 쪽을 택한 나는 축 쳐진 몸을 침대에 뉘었다. 그때 옆에 누웠던 딸아이가 갑자기 나를 꼭 안아주며 등까지 쓰다듬더니 이렇게 말을 했다.

"엄마! 엄마 배꼽시계가 계속 배고프다고 우는 것 같아. 내일은 우리 맛있는 거 먹자."

난 그 순간 아이의 여리고 작기만 한 손이 이 세상 최고의 치유하는 손처럼 크고 따뜻하게 느껴졌다. 아이는 본능적으로 엄마의 감정 상태를 읽고 반응한 것이다. 나는 이것을 '감정이입'이라고 생각한다. 엄마의 입장에서 생각하고 감정을 이해하고 공감한 것이다.

타인의 감정을 이해하고 싶다면 그의 얼굴 표정을 복사해라.

감정이입을 통한 공감은 인간이 생물학적으로 타고나는 뇌의 능력이라고 한다. 하지만 이 능력도 계속 반복훈련하지 않으면 어느새 굳어지게 되니 남의 처지를 외면하지 않는 것부터 꾸준히 연습해야 한다. 굳이 언어로 표현하지 않더라도 상대방의 목소리 톤, 얼굴 표정, 제스처 등을 면밀하게 관찰하면 상대방의 마음, 즉 감정이 보일 것이다. 상대방을 존중하고 관심을 가지며 공감하고 반응하는 사람은 나를 응시하며 계속 고개를 끄덕이고 뭔가 궁금한 표정으로 '그래, 알고 있어. 더 말해봐.' 라는 신호를 보내 올 것이다. 몸의 방향도 언제부터인지 나를 향해 바뀌어 있다. 이런 대화 분위기 속에서 나의 감정이 차분해지고 편안해졌다면 상대에게 내 이야기를 꺼내 놓아 보도록 하자. 관심을 갖고 공감하며 반응하고 있다면 두 사람 사이의 친밀감은 높아질 것이며 관계 진전에 있어 좋은 영향으로 작용할 것이다. 교제한 기간보다 얼마나 많이, 자주, 진심을 다해 상대에게 공감했느냐가 사실 더 중요한 것이다. 관계의 속도가 교제 기간과 맞물려 간다고 생각한다면 큰 착각이다.

관계 속도는 공감 속도와 비례한다.

그 사람의 말속에 담긴
감정까지 온전히 읽기

어느 날 퇴근해서 돌아온 남편이 발바닥이 아프다는 말을 했다. 그 후로 얼마간의 시간이 지난 뒤 쇼핑센터를 지나다 남성화를 보면 나는 남편에게 연락을 한다. 대화 도중 보고 싶은 분야의 TV 프로그램에 대해 스치는 말로 나올 때가 있다. 얼마 후 나는 텔레비전을 보다가 그 프로그램이 나오면 남편을 소파로 부른다. 이 행동들뿐만 아니라 물건을 찾아주거나 복장을 점검하는 것까지 기분 좋은 길들여짐이라고 생각한다. 이런 상황 속에 들어오면 남편은 내게 이렇게 말한다.

"와, 한참 지난 건데 여태 안 잊고 있었어?"

"나만큼 당신한테 관심 많은 사람 봤어?"

"아니, 없지."

라며 남편은 아주 많이 흐뭇한 표정을 짓곤 한다.

연애의 기초 공사는 give & take(주고, 받기)로부터 출발한다.

연인의 관심을 온몸에 받고 있다는 것만큼 기분 좋은 일은 없을 것이다. 나는 상대방이 내가 하는 사소한 일상 이야기에 집중하고 반응해줄 때 내가 이 사람에게 많은 관심을 받고 있다는 생각을 한다. 이것은 상대도 마찬가지일 것이다. 특히 연애를 하며 서로를 알아가는 과정에서는 상대방이 대화 시 보여주는 집중의 태도야말로 그 사람이 다른 사람을 대하는 태도나 사고방식 등을 대략 파악할 수 있는 좋은 기회가 된다. 또한 이것은 앞으로 이어질 연애와 사랑에 대한 기대감을 높여줄 것이다.

아이가 4살 때의 일이었다. 강의 준비로 바빴던 나는 그날도 컴퓨터 앞에 앉아 작업을 하고 있었다. 어린이집에서 돌아온 아이는 오랜만에 집에 있는 엄마를 보고 신이 나서 재잘거리기 시작했고 나는 아이의 말을 집중해 듣기보다는 "응~그랬구나." 라는 말로 그저 일관되게 대답해 주는 것에만 신경을 쓰고 있었다. 그러다 잠시 아이의 말소리가 멈춰져서 고개를 돌려보니 아이가 어느새 내 앞으로 다가와 있었다. 그러더니 갑자기 내 양 볼에 앙증맞은 손을 가져다 대고선 내 얼굴을 자기 쪽으로 돌리더니 "엄마! 얼굴을 보고 말을 해야 되는 거예요!" 라고 말하는 것이 아닌가. 나는 순간 너무 부끄러웠고 또 미안한 마음이 들었다. 아이는 순간 엄마가 자신에게 관심이 없다고 생각을 했을 것이다. 그날 나는 아이가 자신의 기분이 상했음을 표현해 준 것이 얼마나 감사한지 모른다.

만약 서운한 감정을 뒤로 하고 자신의 방으로 가서 장난감에게 자신의 이야기를 들려주기로 결정해버렸다면 아마 그 순간 집중하지 못했던 나의 행동은 두고두고 아이에게 상처로 남았을 테니 말이다.

　흔히 커뮤니케이션이라고 말하는 의사소통(意思疏通)은 내가 가지고 있는 생각이나 뜻을 상대방에게 전달하고 그것을 공유하는 것으로, 통한다는 것을 의미한다. 그런데 나는 만남에 있어서 의사소통보다는 포괄적인 소통의 관계를 만들 것을 당부하고 싶다. 특히 그 관계가 연인일 경우라면 더더욱 절실해야 할 것이다.

　소통은 단순한 말의 뜻과 의미를 아는 것에 그치는 것이 아니라 감정의 교류, 감정에 대한 공유이기 때문이다. 이런 이유로 대화 시 강조하는 경청 또한 소극적 경청, 적극적 경청, 반영적 경청, 공감적 경청 등으로 구분해서 이해하는지도 모르겠다. 혹시 사소한 말다툼 중 연인이 이렇게 말을 한다면 당신은 어떻게 이해할 것인가?

　"넌 내 거잖아."

　'그래, 나는 네 것이 맞다.' 며 상대의 상한 기분을 위로해주는 사람도 있을 수 있고, 나는 나라며 그 말 자체가 얼마나 이기적인 표현인지, 더불어 상대의 자율과 독립성을 파괴하는 말인지를 가지고 논쟁을 벌이는 사람도 있을 것이다. 물론 저 말이 나오게 된 앞뒤 상황을 자세히 알아야 이해도를 높일 수 있겠지만 보통 저런 말을 사용할 때는 상대로부터 원하는 것이 정해져 있기도 하다.

　'나를 이해해줬으면 좋겠어.' 라는 마음인 것이다. 당신은 나에게 있어서 다른 사람들과는 다른 특별한 존재이니 나에게 조금 더 관심을 가져줬으면 좋겠어, 너그러워졌으면 좋겠어, 라는 기대의 감정을 드러낸 것이다.

프랑스 언어학자 소쉬르(Saussure)에 의하면 언어는 사회적이고 체계적인 단어의 사전적 의미에 속하는 '랑그(langue)'와 개인적이고 구체적인 사연의 의미를 내포하고 있는 '빠롤(parole)'로 구분해 볼 수 있다고 한다. 그리고 개인적 차이는 있지만 일반적으로 남성은 랑그를, 여성은 빠롤의 언어를 사용한다고 한다. 그러니 '넌 내 거잖아.' 라는 말을 해석하는 기준도 달라질 수 있다는 뜻이다. 상대방이 지극히 개인적인 바람과 기억, 감정 등 많은 의미를 담아서 표현하는 언어를 그대로 읽고 이해하는 것까지가 적극적인 경청이라면 내포된 감정까지 읽어내는 것이 공감적 경청인 것이다. 상당히 높은 수준의 경청 방법이며 이를 위해 우리는 감정지식의 확대나 감정 인식, 감정 이입의 감성지능을 향상시킬 필요가 있다.

우리의 뇌는 타인의 행동을 모방하도록 만드는 특정한 신경체계를 가지고 있다고 한다. 이것을 '거울신경'이라고 하는데 상대방이 표현하는 감정에 반응하여 나타난다고 한다. 상대를 더욱 면밀히 관찰하면 할수록 우리의 거울신경은 발달할 것이며 우리는 비소로 상대와 같은 것을 느낄 수 있게 될 것이다.

/

한 쪽 으 로   기 울 어 짐   없 이
대 화 하 기

/

한 지인은 딸에게 이렇게 말한다고 했다.

"OO아, 취향이 같은 사람도 좋고 경제력이 뛰어난 사람도 좋아. 역할에 최선을 다하는 사람도 좋지. 네가 생각하는 너무나 많은 이상형의 조건들이 있을 거야. 그런데 엄마는 이거 하나는 네가 꼭 명심했으면 좋겠어. 50:50으로 대화할 수 있는 사람을 만나야 해. 너무 들어주기만 해도, 너무 자기 말만 해도 외로울 수 있어."

나는 이 지인이 참으로 현명한 엄마라는 생각이 들었다. 우리는 경청에 대한 중요성을 너무도 많이 강조한다. 그러다 보니 대화의 비율이 한쪽으로 치우치는 것에는 크게 신경을 안 썼던 것 같다. 하지만 연애를 하는 연인들과 부부 모두는 상대방이 대화가 잘 통하는 사람이길 바란다. 즐거운 대화는 비슷한 비율로 말하고 비슷한 비율로 들어주는 것이라는 이 엄마의 가르침이야말로 명쾌

/

한 해답이라고 생각한다. 50:50으로 대화를 할 수 있다는 것은 상대방이 말하고자 하는 주제에 나 역시도 충분히 감정 이입이 되었다는 것을 의미한다. 상대방의 감정을 충분히 이해하기 위해서는 상대방의 눈을 보아야 한다.

위스콘신 매디슨 대학의 에이드리언 우드는 우리 뇌의 '감각운동 시뮬레이션'이라는 것을 발표했다. 상대방의 얼굴 표정을 보고 따라하면서 그 감정을 이해할 수 있다는 것이다. 그리고 우리 뇌가 상대의 얼굴 표정을 따라할 수 있도록 눈을 맞출 것을 제안했다.

1. 상대방의 표정을 본다.
2. 표정을 시뮬레이션 한다(뇌의 영역).
3. 시뮬레이션은 어떤 감정이 그 표정을 일으키는지를 알려준다.

우리의 웃음뿐 아니라 모든 표정에는 전염성이 있다고 한다. 당신이 누군가에게 미소 짓는 것만으로도 이미 뇌에서는 여러 상호작용이 일어난다는 것이다. 눈 맞춤의 단계가 익숙해진 연인관계라면 50:50의 대화를 이어가는 것이 희망적일 수 있을 것이다.

그런데 우리 주변에는 대화 시 눈을 마주치는 것이 어려운 사람들도 간혹 있다. 유머작가 신상훈은 그의 책 〈유머가 이긴다〉에서 눈을 제대로 못 쳐다보는 사람은 둘 중 하나라고 했다. 자신감이 없거나 상대를 무시하는 사람. 그리고 어느 쪽이든 공통점은 모두 유머가 부족한 사람이라고 한다. 유머의 가장 큰 장점은 긴장을 풀어주고 유대감을 형성해 주는 것이다.

　많은 사람들이 유머는 타고나는 것이라고 생각을 한다. 물론 직업적으로 남을 웃기는 개그맨이라면 타고난 강점 중 유머가 분명 있을 것이다. 하지만 우리에게 필요한 것은 연인을 기분 좋게 하는 것이지 다수의 대중을 웃기는 일은 아니니 유머에 너무 겁먹지 말았으면 한다. 연애관계뿐만 아니라 인간관계에서 어떤 유머를 하느냐는 사실 중요하지 않다. 왜 유머를 사용하느냐가 중요한 것이다. 일반적으로 농담을 건네는 사람의 심리에는 상대방을 웃게 해 주려는 선의가 포함되어 있다. 우스갯소리로 주변 사람들을 즐겁게 해 주는 사람이라면 적어도 상대방과의 관계를 긍정적으로 이어가기 위해 노력할 수 있는 사람인 것이다. 물론 유머 코드까지 나와 일치한다면 더할 나위 없이 좋은 관계를 기대할 수도 있을 것이다. 유머 감각을 공유한다는 것은 비슷한 가치관과 욕구를 반영하는 것이며, 세상을 보는 관점 또한 비슷한 합의점을 가지고 있다는 뜻으로도 해석할 수 있기 때문이다. 재미가 없을 수도 있지만 그보다는 그 사람이 나와 함께 웃고 싶어 한다는 것에 무게를 두어 반응했으면 한다. 또한 반대로 내가 유머를 사용하는 쪽의 입장이라면 나의 유머에 상대가 어떠한 반응을 보이느냐에 따라 그 연애의 지속 여부를 판단해보는 것도 나쁘지 않을 것이다.

　미국의 심리학자 알버트 메라비언에 따르면 우리가 상대방을 판단할 때 언어적 요소는 7%뿐이고 비언어적 요소가 무려 93%를 차지한다고 했다. 목소리의 톤, 속도, 높낮이 등 청각적 요소가 38%, 시각적 요소는 55%에 달했다. 사랑하고 싶다면 그 또는 그녀에게서 눈을 떼지 않을 수 있어야 한다.

내 눈에 끼워진
렌즈 때문

남녀가 사랑에 빠지면 상대방의 장점, 좋은 점만 보이고 단점은 보여도 보지 못하게 되는 일명 콩깍지가 씌워진 상태에 놓이게 된다. 이것을 '핑크렌즈' 효과라고 한다. 그리고 연인들은 언제 어디서나 이 핑크렌즈를 착용하곤 한다.

A_ 그 사람 어디가 그렇게 좋은 거야?

B_ 통통하게 나온 배가 포근하고 너무 좋아.

A_ 너 원래 배 나온 사람 싫어하지 않았어?

B_ 그거야 누구냐에 따라 다르지.

상대방의 외모부터 사소한 몸짓 하나하나까지 구석구석에서 매력을 발견해낸다. 다른 사람에게는 별 의미 없어 보이는 행동들에서 가치를 발견해주는 것, 이것이야말로 연애에 빠지게 만드는 마약 같은 것이 아닐까 생각한다. 한 번도 매력적이거나 호감을 살만한 행동이라고 생각해 본 적이 없는 나의 행동과 습관을 칭찬해 주고 인정해 주는 사람이라면 충분히, 당연히 반할만 하지 않을까? 누구나 인정하고 쉽게 발견해줬던 나의 모습이 아니라 너무나도 평범해서 나조차도 그냥 지나쳐버렸던 사소함을 바라봐주는 사람이라면 말이다. 그런 사람이 하는 제안은 평소 흥미롭지 않았던 것들에 관심을 갖게 하기에 충분한 힘을 가질 수 밖에 없다.

"그럼 주말마다 등산 가는 것도 그 사람 때문인 거야?"
"응. 산이 이렇게 좋은 곳인지 몰랐어. 정상에 올라서 내려다보는 전경도 좋고 공기는 또 얼마나 상쾌한데!"

평소에 산이라면 질색을 하고 친구들끼리 여행을 갈 때도 언제나 묻기도 전에 '난 바다. 무조건 바다야.' 하던 사람이 언제부턴가 등산이 취미가 되어 있는 것이다. 이러니 사랑의 힘을 위대하다고 할 수 밖에. 수 년 동안 한 번도 바뀌지 않고 줄곧 유지했던 취향과 고집까지 단번에 변화시킬 수도 있으니 말이다.

한 그림에 오리와 토끼가 모두 들어 있는 것처럼 보이는 비트겐슈타인의 오리-토끼 그림을 본적이 있을 것이다. 하나의 그림에서 나의 상상이 오리를 그리면 오리가 보이고 토끼를 그리면 토끼가 보인다. 어떤 렌즈를 장착하고 사물을 보느냐에 따라 물체의 컬러, 크기, 굴곡이 달라 보이는 것과 비슷한 이치인 것이다. 감정은 어떤 자극을 받을 때마다 시시때때로 변한다. 내가 느끼는 감정은 나의 이성적 사고를 마비시키게 되는데 이때 마비된 나의 이성은 평소와는 다른 지각을 끄집어낸다.

연인과 진지한 대화를 하고 싶다거나 사랑 고백을 해야겠다고 마음먹은 경우 제일 먼저 무엇을 하는가? 나의 말과 몸짓을 최대한 긍정적으로 수용할 수 있는 환경, 바로 로맨틱한 장소를 찾게 된다. 야경이 내려다보이는 전망대, 아름다우면서도 잔잔한 분위기를 연출하는 호숫가 카페, 형형색색 꽃들이 만발한 꽃길 등 설렘 가득한 장소를 택하게 된다. 감정을 극대화시켜 줄 수 있는 배경을 찾는 것이다. 사람의 행동을 결정짓는 것은 그 사람의 인지적 능력이다. 그러나 이러한 인지적 능력을 보다 원활하게 촉진하는 것이 내가 느끼는 기분, 감정이라는 것은 부인할 수가 없다.

흔히 행복해서 웃는 게 아니라 웃어서 행복하다는 말을 자주 한다. 이 말처럼 그 사람의 모든 행동이 완벽해서 멋있다거나 사랑하는 것이 아니라 사랑하는 감정이 '멋있음'을 더 확대시키는 것이다. 이렇듯 연애에서는 상대를 바라볼 때 나를 지배하는 주된 감정이 무엇이냐에 따라 상대에게서 시시각각으로 다른 모습을 발견하게 할 것이다. 무언가 중요한 메시지를 전할 필요가 있는 경우라면 상대의 감정을 역으로 이용하는 것도 좋은 사랑의 기술이 될 수 있다.

결국 상대방이 어떤 사람인지가 중요한 것이 아니라 내가 무엇을 보느냐가 더 중요하다.

사랑해도 거리가 필요한 이유

광화문 글판에 걸렸던 수많은 글들 중 오랫동안 잊혀 지지 않는 것이 하나 있다. 정현종 시인의 시를 적은 것이다. 사실 이 시는 글판으로 접하기 전에는 모르던 것이었다. 나는 아직도 글판을 처음 보았던 그 날의 감동을 잊을 수가 없다. 사람이 온다는 것은 그 사람의 과거와 현재, 그리고 그의 미래가 함께 오는 것이라는 표현에 탄식이 절로 나왔다. 아무런 설명을 듣지 않아도 그저 수긍이 되는 글이었다. 이 어마어마한 것을 일생에 걸쳐 하고 있는 것이구나. 나를 비롯한 세상사람 모두가 경이롭다는 생각까지 들었다. 너무나 밝고 유쾌한 사람이어서 만났더니 드라마에 나올 법한 복잡한 가족사를 안고 살아가고 있다거나, 계속되는 취직 시험 낙방으로 미래에 대한 극도로 비관적인 인생관을 가지고 있기도 하고, 돈과 성공에 집착하고, 사람을 쉽게 믿지 못하는 성향이거나, 매일 스케줄을 짜고 그것에 맞춰진 삶을 살아가느라 스트레스가 높은 사람이었다. 물론 감내할 수 없는 원형이라면 헤어짐을 선택할 수도 있다. 하지만 여기에서는 만남을 유지하는 것에 전제를 두도록 하겠다. 그럴 경우 막연히 '지금 내가 사랑하니까'로만 인식해서는 그 사랑이라는 아름다운 글자가 함께 품고 있는 기쁨, 슬픔, 분노, 아픔, 질투, 두려움 등의 감정을 모두 수용하거나 극복하는 것이 너무나 버겁고 고통스러울 수도 있다는 것이다.

누군가를 이해한다는 것은 그 사람의 기억을 온전히 공유했을 때에만 가능하다.

분명 서로의 과거-현재-미래를 공유할 수 있다면 두 사람의 관계는 연인 간에 느끼는 사랑을 넘어 분리하는 것이 어려운 상호의존의 관계로까지 발전할 수 있을 것이다. 그럼 상대의 자아를 이해하기 위해 무엇부터 하면 좋을까? 상대가 부담 없이 편안하게 자신의 본래 모습을 보여주고 싶도록 만들어야 한다. 그러려면 우리는 상대방의 기억을 듣기 위해 좀 더 그 사람에게 가까이 다가갈 필요가 있다.

문화인류학자 에드워드 홀(Edward T. Hall)은 신체적으로 개인이 안전하다고 느끼는 공간을 네 가지로 구분했다. 연인, 부부, 부모자식처럼 신체 접촉이 허용된 친밀한 관계에서는 15~45센티미터, 가족관계나 친구처럼 가까운 지인의 개인적 거리는 45~120센티미터, 인터뷰나 공식적인 만남 같은 사회적 거리는 120~370센티미터, 선생님과 학생 정도의 일반적 거리는 370센티미터를 초과하는 거리로 구분한 것이다. 보통의 연애 중에는 일반적인 거리부터 친밀한 거리까지 다양하게 유지할 것이며 신체의 거리가 곧 친밀감의 거리를 반영한다고 할 수도 있다. 물론 사람들의 성향이 개인마다, 그들이 속해있는 집단마다 다르므로 이 기준이 절대적인 것은 아니다.

그럼에도 불구하고 가끔 카페 같은 곳을 갔을 때 둘 뿐인데 마주보고 앉지 않고 옆으로 나란히 앉아 있는 커플들을 보곤 한다. 이렇게 옆으로 나란히 앉는 관계는 어린 자녀와 엄마 외에는 커플뿐인 것 같다. 나의 옆자리를 기꺼이 허락한다는 것은 그만큼 상대방에 대한 믿음, 신뢰에 비례하는 친밀감이 존재할 때에만 가능할 것이다. 그 말은 친밀한 육체적 공간의 거리에 내가 들어가고 싶은 순간과 상대방이 허락할 수 있는 순간은 다를 수도 있다는 것을 의미하기도 한다. 또한 누군가와 가까워지는 것이 안정감을 주고 편안한 사람이 있는가 하면 남자들은 본능적으로 다른 사람과 긴밀하게 연결되는 상태를 답답하게 느끼고 자신의 본성을 잃을까봐 불안해하기도 한다.

〈화성에서 온 남자 금성에서 온 여자〉를 쓴 존 그레이는 이것을 친밀감 주기라는 것으로 설명했다. 남자는 한 여자를 사랑하고 있을 때에도 때로는 그녀로부터 멀어지고자 하는 욕구를 느낀다는 것이다. 친밀감에의 욕구가 어느 정도 충족되고 나면 남자들은 자율과 독립에 대한 욕구가 강하게 발동한다는 것이다. 이것은 어떤 인위적인 선택이나 결단에 의한 것이 아니며 그저 자연스럽게 진행되는 남자들만의 충동적 본능이라고 했다.

나는 세상 모든 남자가 존 그레이의 말에 해당하지는 않을 거라 생각한다. 하지만 남자들만의 친밀감에 대한 순환 주기를 여자들이 알고 있는 것만으로도 관계발전에 도움이 될 거라는 생각에는 크게 동감한다. 물론 갑자기 거리를 두는 남자의 행동에 여자는 당황스러울 것이다. 마치 그것이 자신이 미처 느끼지 못한 자신의 잘못된 행동 때문일 것이라는 생각을 하기도 하고 그 원인을 찾고자 애쓸 것이다. 그리고 남자에게 그 이유를 다그쳐 묻지만 '그냥'이라는 남자의 솔직한 대답에 사랑을 의심하고 왜곡시키기도 한다. 그런데 남자들은 정말 '그냥' 그런 것이다. 그저 남자들에게는 고무줄의 탄력처럼 친밀감과 독립, 자율에 대한 욕구가 번갈아 가며 찾아온다는 것이다. 독립, 자율의 욕구를 채우고자 할 때 여자도 자신만의 공간에서 즐거운 것을 찾을 수 있다면 남자는 더욱 단단한 사랑을 만들어 줄지도 모른다. 사랑하지만 구속하지 않는 거리라면 자신의 기억을 기꺼이 공유하고 싶어질 것이다.

만약 내가 상대방과 잠시 독립적인 기분을 느끼고 싶다면 그가 불안하지 않도록 이렇게 말해주면 좋을 것이다. "변함없이 당신을 사랑해요. 다만 지금은 내게 혼자만의 시간이 잠시 필요해요. 이해해 줄 수 있죠?" 물론 상대방은 당황스러울 것이다. 하지만 미리 말해준 당신의 말을 이해하려 애쓰며 그 모습이 자신의 탓이라는 생각은 하지 않게 될 것이다.

나를 긍정할 때 따라오는
사랑 받을 가치

'그 사람이 나를 정말 사랑하는 것이 맞을까?'

사랑에 빠진 모든 남녀는 끊임없이 스스로에게 같은 질문을 반복하곤 한다. 그리고 상대방이 나에게 보여준 수많은 행동을 근거로 사랑에 대한 확인 작업을 해 나갈 것이다. 그것이 사랑을 유지하고 싶다는 결심으로 이어진다면 상대방이 내게 보여준 섭섭한 말과 몸짓도 사랑으로 해석이 될 것이며, 이별로 결심이 설 경우 그저 이별을 선포하기 전 이유를 설명하기 위한 동기쯤으로 해석하게 될 것이다. 어느 쪽으로 결심을 할 것인지는 내가 가지고 있는 긍정적 측면과도 연관이 있다.

고등학교 시절 순정만화에 빠져있던 적이 있었다. 그때 본 만화 속 주인공들의 이름은 푸르메와 이슬이었다. 막연하게 내가 결혼을 하고 아이를 낳는다면 아들은 푸르메, 딸은 이슬이라고 짓겠다고 생각했었다. 그 뒤 남자친구를 생각할 때마다 나는 자연스럽게 상대방의 성씨 옆에 푸르메와 이슬이라는 이름을 붙여 보았다. 내가 그랬던 것처럼 사랑에 빠진 여자는 옆에 있는 남자와 사귄 시간과는 상관없이 연애와 결혼 생활을 하나의 패키지로 상상하곤 한다. 그리고 그 상상 속에서 우리는 달콤한 사랑의 언어를 속삭이고 동화 같은 장소에서 프로포즈를 받는다. 로맨틱한 만화책의 한 페이지 같다. 이왕이면 건강하고 긍정적인 미래를 상상하는 것이 좋을 것이다. 그리고 이런 상상은 스스로 자신의 가치를 인정하는 사람에게만 허락되어지는 것이다. 부정적인 사고가 습관이 되어 있는 사람은 연애를 할 때도 두 사람 사이에 작은 갈등이나 문제가 발생하면 곧바로 자신의 탓으로 돌려 버리곤 한다.

내가 콜센터에서 상담일을 처음 시작했을 때 만나고 있었던 사람에게 어느 날 이런 이야기를 들었다. "네가 전화 상담을 한다고? 그 목소리로?" 사실 그 당시 나의 허스키한 목소리는 열등감까지는 아니었지만 바꾸고 싶은 것 중 하나였다. 그래서 그 사람의 말이 참 서운하게만 느껴졌다. 그래도 다행히 난 자신의 가치를 인정하지 않는 사람은 아니었던지 그 사실 자체를 부정하면서 괴로워하진 않았다. 오히려 '그래? 사귀는 남자가 이렇게 말할 정도면 나를 모르는 고객들이 듣기에는 정말 거슬릴 수도 있겠다.'고 생각을 한 것이다. 나는 그 뒤로 복식호흡을 연습했고 목소리 자체보다는 목소리 톤이나 속도 등을 조절하는 것으로 친절함이 묻어날 수 있도록 신경을 썼다. 그렇게 목소리 다듬기는 습관처럼 이어졌고 지금은 강의할 때 목소리가 좋다는 평을 꽤 듣는 편이다. 실제로 지금 나는 교통방송 라디오 프로그램의 고정게스트로 1년 가까이 활동을 하고 있기도 하다. 비호감의 목소리만큼은 벗어났다고 자신한다.

내가 했던 것처럼 스스로 가치를 인정하기 위해 내 안의 부정을 밀어내고 긍정을 자리 잡게 하는 훈련을 틈틈이 하는 것이 도움이 될 거라 생각한다. 긍정심리학의 아버지라고 불리는 마틴 샐리그만(Martin Seligman)은 자신의 책 〈긍정심리학〉에서 부정적인 과거의 기억으로부터 벗어나는 방법으로 세 가지 '감사 훈련법'을 매일 잠들기 전에 해 보길 제안한다.

첫째, 오늘 일어난 세 가지 좋은 일을 떠올리기
둘째, 그것을 글로 적어보기
셋째, 그렇게 생각하는 이유나 일어나게 된 이유를 설명하기

그는 감사하는 마음은 생활의 만족도를 높여주고 좋은 일들에 대해 자주 떠올리는 것만으로도 긍정적인 감정을 되살려 준다고 했다. 나 또한 쉽게 수용하기 힘든 일을 경험하면 그 사건의 이면에 존재하는 감사한 것을 찾아보는 습관이 있는데 실제로 수용과 감정 조절의 속도가 빨라진다는 것을 알 수 있었다.
자신의 가치를 스스로 인정하는 사람이 연애에 있어서도 상처받지 않을 수 있다. 또한 그랬을 때 상대방으로 하여금 최고의 대우를 받을 가치도 함께 생기는 것이다.

사 랑 받 고 싶 다 면
취 향 저 격 하 기

일반적으로 인간관계를 형성하는 방법으로 'give & take'의 주고받음 공식을 이야기하는데 연애관계에서는 'give & give'가 오히려 일반적인 것이 되기도 한다. 물론 나 또한 부분적으로 이것에 동의하고 있다. 특히 연애 초기에는 더욱 더 give & give가 강하게 나타난다. 상대로부터 호감을 사기 위한 매우 자연스럽고도 긍정적인 태도라고 말할 수 있다. 또한 이것은 어디까지나 개인적인 생각이라는 것을 밝힌다.

하지만 평소 give & give의 연애관계를 주장하는 여자와 연애에 있어서도 철저한 give & take의 논리로 접근하는 남자가 연애를 시작하게 되면 결과가 대략 짐작이 될 것이다. 여자는 자신을 위해 먼저 베풀지 않는 남자에게 섭섭한 기분이 들 것이다. 데이트 비용을 자신이 지불하고 기념일이 되었지만 마땅한 선물 하나도 받지 못했다고 친구들에게 털어놓기라도 하면, 친구들은 "너를 정말 좋아하기는 하는 거야?" 또는 "남자가 너무 쩨쩨한 거 아니니?" 라며 무엇이라도 그녀가 결단을 내려주길 바라며 부추길 것이다. 결국 여자는 남자가 상당히 비신사적이며 여자의 마음을 전혀 이해할 줄 모르는 사람이라고 판단하게 될 지도 모른다. 반대로 연인이라는 이유만으로 자신에게 물질적으로나 정서적으로 너무 많은 것을 요구하는 여자가 남자는 부담스럽기만 하다. 어느 부분에서는 속물로, 또 어느 부분에서는 독립되지 못하고 타인에게 의지하려고 하는 의존형의 사람이라고 판단하게 될 가능성도 높아질 것이다. 그런데 그거 아는가? 연애에서 give & give의 의미는 큰 것이 아니라 작은 것일 경우가 높다는 것.

(우선 개인별 취향에 차이가 있다는 점을 고려한 후 다음을 읽기 바란다.)

흔히 여자들이 연인에게서 받고 싶은 것은 값비싼 물건이나 드라마에서 나오는 것처럼 고급 레스토랑을 통째로 빌려 즐기는 식사 시간이 아니다. 그저 길가에서 파는 작은 액세서리 하나를 무심결에 건넨다거나, 갑자기 돌진해오는 차로부터 여자를 보호하는 행동을 취하거나, 기념일이 아닌 평범한 날 갑작스레 꽃을 선물하거나, 차문을 열어주는 것 따위의 작은 바람들인 경우가 훨씬 많다는 것이다. 이렇듯 여자가 작은 것에 더 감동하는 경우가 많다면 남자는 이런 작은 것들을 일일이 챙기기보다는 큰 것으로 한꺼번에 점수를 따기를 원한다. 기념일에 큰 선물 하나면 될 거라 생각하는 것이 이런 남자의 습성이라고 할 수 있을 것이다. 그렇다 보니 여자와 남자는 서로를 기쁘게 하는 것에 있어서 다소 차이가 있다. 남자는 이런 자신의 노력에 대해 연인으로부터 충분한 칭찬과 격려를 받길 원한다. 그런데 연인이 이런 선물을 당연하게 받아들일 경우 여자에게 실망하고 그녀를 위해 베풀던 것들을 멈출 가능성이 크다.

이 부분에 대해 나의 생각을 정리하자면 연애관계에서는 우선 '계산 없이 충분하게 먼저 기부(give)해라. 그러면 당신 역시 상대방의 기부(give)를 받을 수 있을 것이다.'이다. 단, 상대방이 원하는 것으로 기부하길 바란다. 요즘 말로 취향저격이라고 한다. 물론 여자 또는 남자가 상대방에게 바라는 이상적인 목록이 있기도 하다. 외모에 찬사를 보내거나 '오늘 하루 어땠어?'와 같은 관심의 표현, 기념일이 아닌 때 불쑥 건네는 선물, 잦은 연락으로 걱정하지 않도록 하기, 상대가 좋아하는 음식 기억하기 등 너무도 많을 것이다. 물론 이러한 목록을 모두 작성하기도, 또 그것을 기억해서 지키기도 어려울 것이다.

나는 우리가 따르면 도움이 될 수 있는 좀 더 단순한 행동지침이 있다면 좋을 것이라 생각한다. 구체적인 목록을 만들기 전에 상대방이 연애와 사랑에 있어서 중요하게 생각하는 가치가 무엇인지를 우선 공유하는 것이다. 이때 말하는 가치에 해당하는 내면 욕구는 대략 '존중, 소통, 친밀감, 배려, 예측, 비전, 스킨십, 돌봄, 배움, 휴식' 등이 있다. 나의 경우엔 관계에 있어서 '예측'에 대한 비중을 크게 두고 있는 편이다. 외식이나 외출 등 무엇인가 계획이 생기면 어떤 동선으로 이동하고 시간의 흐름이 어떻게 되는지에 대해 알고 있어야 불편하지 않은 것이다. 만약 나처럼 당신의 연인이 예측 가능성에 대한 욕구를 가지고 있는 사람이라면 이것저것 선물을 해 주거나 맛집에 데리고 가는 것보다는 계획된 일정을 공유하는 것에서 더 많은 친밀감과 애정을 느낄 수 있다.

즉, 구체적인 하위 목록을 실천하기에 앞서 그것을 포괄하는 상위 목록이 무엇인지를 먼저 파악할 수 있다면 '취향저격'에 성공할 수 있다는 걸 알아두자.

서운함이 들 때 펼칠
'마음 우산' 챙기기

연애를 시작하게 되면 인생에 대해 이전과는 다른 견해를 갖게 된다. 이 사랑은 언제까지 이어질 것인가를 생각하고, 이 사람이 나의 운명이 맞을까도 끊임없이 생각한다. 이것은 앞으로 어떻게 될 것인지에 대한 불안감이 작용하는 것인데 만약 현재 두 사람의 관계가 좋은 상태를 유지하고 있다면 지금의 행복이 계속되기를 바랄 것이다. 그렇지 않은 상태라면 이 관계가 끝나는 상황을 반복적으로 떠올리게 될 것이다. 상대방의 태도가 내가 바랐던 모습과 다르면 연애를 시작한 것을 후회하면서 앞으로 어떤 선택을 해야 할지 고민하느라 귀한 시간을 놓치기도 한다. 이것이 바로 앞에서 설명했던 우리가 현재에 머물러야 하는 이유이다.

에리히 프롬의 말대로 시간은 소유할 수 있는 것이 아니다. 그저 '지금 여기서' 경험되는 것이다. 연애를 하고 부부가 되어 결혼 생활을 유지하고 있는 현재, 자신 있게 말할 수 있는 것 중 하나는 바로 연애의 기억이 나의 감정을 회복시키는데 큰 효력을 발휘해 준다는 것이다. 지금은 들어가 보지도 않는 미니 홈피가 있다. 그 미니 홈피의 메뉴 중에는 연애시절 추억들이 사진과 글로 채워져 있다. 지금도 가끔 감정이 이유 없이 처지는 무기력감을 느낄 때면 미니 홈피에 들어가서 그때를 추억하곤 한다. '와, 뭐가 이렇게 행복했던 거지?' 라는 생각과 함께 말이다.

미국의 신경심리학자 케빈 옥스너는 우리가 어떤 경험을 기억해내는 일은 그 경험을 처음으로 겪는 것과 다르지 않다고 했다. 사진을 꺼내보듯이 어떤 추억을 떠올리는 것은 어느 정도 새로운 감정과 연결되며 이를 통해 우리는 현재 시점에서 과거를 재구성하기도 한다는 것이다. 이것은 기억의 파편 또한 과거와 현재가 상호작용한다는 뜻이다. 과거의 많이 행복했던 기억이 현재의 작은 불행을 위로하거나 현재의 즐거운 감정이 과거의 상처를 치유시켜 줄 수 있다는 것이다. 나는 이것이 '감정 회복 메커니즘'이라고 생각한다.

어느 날은 상대방이 딱히 비난할만한 잘못을 하지 않았는데도 불구하고 내 마음에 충족되지 않다는 이유만으로 괘씸죄의 죄명을 붙여 상대방을 괴롭힐 때가 있다.

A_ 친구를 꼭 이번 주에 만나야해?

B_ 원래 두 달에 한 번씩 만나는 모임이라고 했잖아.

A_ 넌 내가 중요하냐? 친구가 중요하냐?

B_ 거기서 그런 말이 왜 나와?

A_ 몰라. 지금 가면 진짜 다시는 너 안 볼 거야!

그저 속상함 때문이고, 나 혼자만의 욕구 불만 때문인 경우가 많다. 이때 상대방이 자신의 마음을 내게 의지하지 않고 스스로 회복할 수 있도록 평소에 마음의 우산을 여러 개 만들어 놓는 것이 필요하다. 그것은 두 사람이 간직한 소중한 연애의 경험이다.

마음의 우산을 만들기 위해서는 함께 무엇을 할까에 집중하는 것이 아니라 그 경험 속에서 어떤 기억의 감정을 느끼게 할 것인가가 더 중요하다. 만약 하루 종일 높은 하이힐을 신고 근무한 여자친구를 위해 영화에서처럼 신발을 바꿔 신어주었다면 유쾌함이 감정에 놓여 있을 것이다.

연인관계에서 만들어진 마음 우산들은 비슷한 이유로 사랑이 의심되는 순간 그 감정에 휩싸이지 않고 균형 있는 살핌이 가능하게 만들면서 감정 회복을 돕는 역할을 해낼 것이다. 갈팡질팡 예측할 수 없는 여름 날씨지만 가방 안에 우산이 들어있다면 '비가 오면 어쩌지?'라는 걱정은 자연스럽게 해결해 주는 것처럼 말이다.

감정
이입

　다른 사람의 감정을 내 것처럼 느끼는 감정 이입(공감)은 사회생활에 필수적인 능력이다. 하버드대학의 심리학자인 로버트 로젠탈이 개발한 비언어 민감성 검사는 사람들의 공감 능력을 측정하는 검사이다. 피험자들에게 분노, 애정, 질투, 감사, 유혹 등의 감정을 드러낸 젊은 여성의 얼굴 사진을 보여 준 후 그 사진에 나타난 감정을 판단하게 하는 것이다. 점수가 높게 나온 사람이 정서적으로 잘 적응하고 과제 수행이나 대인관계에 있어서도 더 크게 성공하는 경향이 확인되었다. 반대로 공감 능력이 결여되어 있으면 사회생활에 적응이 어려우며 쉽게 비열한 범죄 행위를 저지를 수 있다고 봤다.

　텔레비전에 나오는 희귀병에 걸렸지만 제대로 된 치료를 받지 못해 죽어가는 아프리카 어린이들을 보며 함께 아파하거나, 가난한 환경으로 힘겨워하는 노인을 보며 도와주고 싶다는 생각에 눈물을 흘리는 아이의 태도는 교육의 결과가 아니다. 본능적으로 타고난 부분일 것이다. 공감 능력은 이렇게 본능적으로 타고난 부분과 함께 반복 학습 훈련을 통해서도 충분히 향상시킬 수 있다. 가난을 경험해 본 사람만이 가난의 고통을 알 수 있다는 말처럼 정서 체험이 필요한 것이다.

자리를 양보하고, 무거운 물건을 함께 들어 주고, 기부를 한다. 연민과 감사를 배울 것이다.

타인과 눈을 맞추고, 손을 잡아주며, 가볍게 포옹을 한다. 사랑과 감동을 느낄 것이다.

범죄를 다룬 영화나 뉴스, 신문을 본다. 건강한 분노를 배울 것이다.

이렇게 높아진 공감능력은 상대방의 욕구를 보다 잘 헤아리게 도와주고, 적절한 대처 방식은 성공적인 대인관계를 맺는데 도움을 줄 것이다. 한 연구에 따르면 심장 자체에 두뇌의 신경세포와 같은 뉴런이 있다고 한다. 그런데 심장은 매우 미세한 감정에도 즉각 반응하고 긍정적 감정, 특히 감사와 연민, 동정, 사랑을 느낄 때 매우 안정적인 심박변동률을 보인다는 것이다. 내가 보여준 공감적 태도는 상대방 심장의 안정을 찾아줄 것이며 상대는 안정된 정서체험을 반복해서 확인하고 싶어할 것이다.

대인관계
기술

연애와 결혼도 결국은 또 하나의 관계를 만드는 것이라고 말할 수 있다. 연애가 두 사람의 관계라면 결혼은 두 사람을 둘러싼 양쪽 가족과의 관계와 더불어 자녀가 생기면 부모자식 간의 관계마저 탄생하게 되는 것이다. 사실 우리는 학교에서 국어, 영어, 수학은 배우지만 사람과의 관계 전략은 배우지 않는다. 사회에서도 맡겨진 일의 역할을 해 내기 위해 업무 프로세스를 배우고 기술을 습득하지만 구성원과 잘 지내는 방법에 대해 미리 공부하고 입사를 하지는 않는다. 그러다 보니 업무 외적으로 사람과 부딪히게 되고 이는 예상치 못한 스트레스로 작용하기도 한다. 그동안 매스컴을 통해 알려진 통계자료만 보더라도 직장인에게 가장 절실하고 개선되어야 하는 능력이 대인관계 기술임을 부인할 수 없다.

물론 요즘은 기업마다 이를 방지하기 위해 소통이나 대인관계 기술, 스트레스 관리법, 감정을 다스리는 방법까지 교육을 하니 다행이지만 이마저도 일시적인 것이다 보니 진정한 효과를 발휘하기까지는 개인의 노력이 뒷받침되어야만 한다.

그렇다면 감성지능의 하나이기도 한 대인관계 전략의 핵심 내용은 무엇일까? 바로 적절한 시기에 적절한 방식으로 '감정표현을 하고 있는가'이다. 감정을 겉으로 드러내지 않는다고 해서 속상하거나 화가 나지 않은 것은 아니다. 오히려 감정을 솔직하게 표현하지 못하고 억압할 경우 마음의 찌꺼기처럼 계속 쌓아두었던 감정이 어느 날 한꺼번에 폭발하고 마는 것이다.

연애에 있어서의 대인관계 전략은 자신의 솔직한 감정표현이 상대방의 감정을 상하게 해 다툼으로 이어질 것 같은 불안감에 좋은 모습만 보여주려는 경향이 있다. 하지만 상대가 편하게 자신의 감정을 표현할 수 있도록 먼저 이끌어주는 것이 필요하다.

"다른 사람에게 더 친절한 것만 같아 속상했겠네. 그렇지?"

"혹시 네가 싫어져서 연락을 하지 않은 것 같아 많이 불안했던 거지?"

: **CHAPTER 03** :

너　　　때문에
속　터지는 밤들,
갈　　　　　등

#3

후회

어학연수를 위해 캐나다에서 지내던 남자사람 친구가 있었다. 어느 날 그 남사친이 오랜만에 한국에 들어와 만날 약속을 잡았다. 그런데 이제 막 사랑이 불타오르는 연인을 혼자 방치하고 싶지 않았던 나는 꽤나 멋진 만남이 될 것이라는 상상을 하며 어리석게도 세 명의 합석 자리를 만들었다. 이 남사친은 중학교 동창인데다 성인이 되어서도 종종 만나왔기에 공통적인 에피소드가 꽤 많은 친구 중 한 명이었다. 나는 남사친에게 나의 연인인 그 사람을 자랑하고 싶은 마음도 있었다. 용기 있게 추진했던 그 자리는 나의 예상과는 다르게 서로 불편한 기억으로 남고 말았다.

사실 우리 두 사람은 서로를 첫사랑으로 만난 것도 아니고 각자 연애 경험에 대해서도 어느 정도 공유를 하고 있는 터라, 이런 부분에 있어서는 쿨하게 받아들일 수 있을 거라는 생각을 했었다. 셋이 모인 그 자리에서 한동안 나와 남사친은 옛 추억을 꺼내 신 나게 이야기 했고 이 이야기에서 소외된 그는 무슨 이야기인지 몰라 멀뚱멀뚱한 표정을 짓고 있었다. 그런 그가 안쓰러웠는지, 아님

그냥 신경이 쓰인 것인지 남사친은 "야, 이런 자리에 남자친구 데려오는 거 아니냐." 라는 말로 그의 신경을 자극하고 말았고, 그는 그야말로 의문의 1패를 경험해야만 했다.

솔직히 사귄지 얼마 되지 않은 관계에서 자신보다 더 많은 친밀감을 가지고 있는 연인의 남자사람 친구와 동석을 하는 것이 유쾌한 남자는 그리 많지 않을 것이다. 그래도 연인이 만든 자리라서 감정을 억제하며 잘 참았는데 남사친이 갑자기 던진 저 말은 그의 자존심을 꽤 상하게 했었나보다. 결국 나와 그는 연애 시작 후로 첫 번째 감정의 대치 상태에 돌입하게 되었다.

내게 특별한 너여서
자꾸 싸운다면

나에게는 한없이 너그럽기를 바라지만 상대에게는 너무나 타이트한 잣대를 가져다 댄다. 말 그대로 내가 하는 행동에 대해서는 "그것도 이해 못 해 줘?"였던 것이 상대에게는 "그것까지 이해해 줘야 하는 거야?"로 바뀌어 있는 것이다.

연인들이 싸우는 이유는 그들에게는 당장이라도 지구가 종말할 것처럼 긴박하고 중요한 사안이지만 조금만 떨어져서 들여다보면 유치하기 그지없는 것이 된다. 두 사람이 너무나 맛있게 떡볶이를 먹고 있다가 딱 하나 남은 떡을 아무 생각 없이 남자가 집어 먹기라도 하면 여자는 "오빠가 이렇게 배려심이 없는 사람인 줄 몰랐어." 라며 남자를 인류 양심을 저버린 파렴치한으로 전락시켜 버리곤 한다. 평소에 나는 남녀평등을 지향하는 사람이라고 자랑스럽게 말했던 사람이 "여자가 이 늦은 시간까지 술을 마시는 게 말이 돼?" 라며 친구들과 한참 즐거운 시간을 보내고 있는 애인의 감정을 한순간에 지하 백 미터쯤까지 끌어 내리기도 한다. 다른 사람들에게 항상 친절하고 배려하는 내 모습이 좋아서 사귀기로 결심했다는 사람이 저녁을 먹기 위해 들어간 식당에서 직원에게 웃으며 말을 걸었다는 이유로 왜 다른 이성에게 관심을 주는 것이냐며 시비를 걸어오기도 한다.

연인이 아니었다면 충분히 이해하며 넘어갈 수 있는 일들이 '연인'이라는 이 특별한 관계의 테두리 안에 들어오면 도무지 납득이 안 되는 싸움의 불씨가 되는 것이다. 이것들은 사랑하는 사람에게 사랑에 대한 대답을 강요하려고 사용하는 일종의 여러 가지 편법(?), 이를테면 '질투유발, 죄책감 자극, 나쁜 남자 코스프레'에 해당할 수도 있겠다. 일반적인 관계에서는 득이 되지 않는 행동들이 연애의 상황에서는 말할 수 있는 것이 되기도 하는 것이다.

왜일까? 우리가 흔히 연애는 유치한 것이라고 말하는 것으로 설명이 될 수도 있겠다. 연애에 늘 따라다니는 단어 중 하나가 바로 관심과 확인일 것이다. 상대가 나에게 관심을 보였으면 하는 바람을 가지고 있고 그 관심은 곧 불안한 사랑에 대한 확인이 되어 준다. 이 관심의 고무줄이 너무 팽팽하면 답답해하고 너무 느슨하면 불안해진다. 물론 이런 과정이 연인 사이를 돈독하게 하는 징검다리로 작용하는 것도 사실이기는 하다. 다만 이러한 유치한 고무줄 싸움이 두 사람의 관계에 어떤 영향을 미치는가에 대해서 보다 중요하게 다룰 필요는 있다.

심리학자 제레미 티거맨(Jeremy Tiegerman)은 갈등 해결 프로그램에 참여 중인 커플들을 대상으로 한 가지 흥미로운 조사를 했다. 그는 처음 갈등을 해결하는데 있어 보다 협력적인 커플이 그렇지 못한 커플들보다 행복할 것이라고 생각했다. 하지만 조사 결과, 커플들의 행복에 있어서 그들이 얼마나 자주, 강렬하게 갈등상태로 접어드느냐 하는 것이 갈등을 어떻게 다루는가보다 중요하게 작용하고 있었다. 연인들 간의 고무줄 싸움처럼 유치한 권력 투쟁은 행복을 방해하는 요소가 되는데, 여기에서 핵심은 그런 상태가 큰 싸움으로 번지기 전에 문제를 풀려고 노력하는지 아닌지가 더 중요하다는 것이다. '이 상태의 대치가 계속 유지된다면 우리의 결말은 그다지 유쾌하지 않겠구나.' 라는 감정 인식을 이야기하는 것이다. 나는 이런 고무줄 싸움을 연애 초기에 어느 정도 유지하는 것도 괜찮다고 생각한다. 다만 이 싸움의 근본적인 원인이 관심과 확인에서 출발한다는 점과 혹여나 자주 반복될 경우 예상치 못한 결과로 이어질 수 있다는 점을 미리 인지할 수 있기를 바란다.

상 대 도 꼭 나 와 같 아 야
행 복 한 건 아 니 니

나에겐 오래전부터 이상적으로 그리던 연애의 모습이 있었다. 그것은 매우 간단한 것인데, 서로가 존중이 아닌 '존경'할 수 있는 관계였으면 하는 것이었다. 에리히 프롬은 그의 저서 〈사랑의 기술〉에서 '사랑하는 사람이 나를 위해서가 아니라 그 사람 자신을 위해 그 사람 나름의 방식으로 성장하기를 바란다.'고 했다. 이것은 사랑하는 연인의 행복에 대한 관심이고 바람인 것이다. 자기 자신의 행복밖에 모르는 사람은 상대방의 삶도 자신이 원하는 방식대로 돌아가야 하고 자신의 기대를 충족시키는 요소 중 하나로밖에 취급하지 않는다. 이것은 상대방을 있는 그대로의 모습으로 봐주는 것에서 출발하는 존경하는 삶과는 어긋난 태도인 것이다.

맞벌이 부부의 자녀들은 대부분 주말이 오기를 누구보다 간절히 바란다. 어느 주말, 아이가 가고 싶어 하던 놀이동산에 갔다. 아이가 초등학생이 되니 자연히 탈 수 있는 놀이기구도 늘어났다. 아이는 어린이용 롤러코스터를 타고 싶어 했다. 함께 줄을 서 있는 동안 들뜬 마음을 쉽게 가라앉히지 못하는 눈치였다. 그리고 몇 번이고 "엄마, 내 인생 처음 타는 롤러코스터야. 너무 떨려!" 라고 말하는 걸 보아 아이는 정말 긴장한 것 같았다. 가슴 쪽에 손을 올려놓자 내 손으로까지 심장의 쿵쾅거림이 느껴질 정도였다. 그 뒤로도 몇 가지 놀이기구를 더 탄 후 집으로 돌아오는 길에 나는 아이에게 물었다. "오늘 어떤 것이 제일 재미있었어?" 아이는 망설임 없이 "응, 엄마랑 아빠랑 스티커 사진 찍은 게 제일 재미있었어." 내가 어떤 대답을 기대했는진 몰라도 순간 '놀이동산까지 와서 겨우 스티커 사진이 즐거웠다고?' 라는 생각이 들었다. 약간의 실망감을 느끼지 않을 수 없었다.

나를 포함한 많은 부모들은 자녀가 가족 안에서 누려야 할 권리들을 누릴 수 있도록 돕고 있다. 그것은 최상의 환경 조건, '좋은 집, 좋은 차, 사교육, 여행, 취미지원 등'을 통해서 지원된다는 착각을 하고 있다. 하지만 아이들은 내 아이가 그랬듯이 부모에게 거창한 것을 바라지는 않는 것 같다. 물리적 환경을 만들어 주는 것으로 애착이 형성되길 기대해서는 안 된다. 실제 애착이라는 단어는 '부모나 특별한 사회적 인물과 형성하는 친밀한 정서적 유대'의 의미로 해석된다. 즉, 갖춰진 환경 속에서도 제대로 된 눈 맞춤과 같은 정서적 소통이 함께 하지 못한다면 그것은 잘못된 애착의 기류가 되고, 정서적 학대나 방임으로 이어질 수도 있다는 것이다. 연인간의 애착 형성에 있어서도 정서적 소통을 하기 보다 그저 내가 의도한 정답으로 연인이 행동하지 않는다고 해서 나의 방식은 맞고 너는 틀렸다는 사고방식은 연애전선을 이상기류 속으로 밀어 넣는 것과 같은 것이다.

연애를 시작하면 매일 데이트를 해야 하는 것일까? 혹시 적절한 만남의 주기가 있는 것일까? 내 생각엔 서로의 라이프스타일에 맞춰 보는 것이 가장 적절한 만남의 주기라고 본다.

장거리 연애를 하는 것도 아닌데 주말에만 데이트 약속을 잡는 남자가 있다. 여자친구는 그래서 한동안 그에게 평일에 만나는 애인과 주말에 만나는 애인이 따로 있는 것은 아닌지 의심한 적도 있다고 한다. 그런데 이 남자가 주말에만 데이트 약속을 잡는 이유는 다름 아니라 평일에는 회사일로 바쁘고 피곤해서 힘들다는 것이었다. 여자는 그 이유가 당혹스럽다. 연애를 막 시작한 연인의 입장에서 썩 유쾌한 이유는 되지 못하는 것 같다. 피곤하다가도 웃음이 나고, 흐뭇하며, 에너지가 채워지는 것이 연애라고 생각하기 때문이다. 어찌되었든 그녀는 남자친구의 상황을 최대한 존중해 주기로 마음먹었다. 다른 것도 아니고 일 때문에 피곤하다는데 계속 만나자고 하는 것이 왠지 어른스럽지 못하고 어린 아이처럼 보일까봐 보고 싶은 마음이 컸음에도 양보하고 꾹 참았다고 한다. 그런데 두 사람 사이에 진짜 갈등은 자신의 라이프스타일은 여자친구가 무조건 이해주길 바라던 남자가 여자친구의 상황은 전혀 배려하지 않는 것에서 발생했다. 여자친구가 주말에 다른 약속이 생기거나 자신의 커리어에 꼭 필요한 교육을 듣기 위해 데이트가 어렵겠다고 하면 그 부분에 대해 전혀 수용하지 못하고 다툼으로 이어졌다는 것이다. 이 남자의 태도는 에리히 프롬이 말한 존경과는 너무도 거리가 멀었던 것이다. 그렇다면 반대로 여자의 태도는 존경일까? 어쩌면 이 둘에게는 사랑의 주제보다 인생의 주제를 두고 서로의 우선순위를 이해하는 과정이 먼저 필요할지도 모르겠다. 그래서 우리는 연애를 통해 인생을 배우고 어른이 되어간다.

연애의 모든 문제가 사랑이라는 주제 안에서 풀리는 것은 아님을 인정하자.

/

연 인 사 이 에 도
경 계 선 은   지 켜 주 기

/

우리는 흔히 연인 사이의 애정도나 친밀도의 기준으로 스킨십의 강도를 꼽는다. 연인 사이임을 인정은 하지만 그 어떤 스킨십도 허락하지 않는 철벽녀가 있는가 하면 손을 잡거나 뽀뽀, 포옹하는 정도까지만 허락하는 경우 등 그 기준의 차이가 있기 마련이다.

K는 여자친구와 사귄지 3개월이 지났고 서로 좋아하는 감정도 깊어졌다고 생각했다. 그러나 키스를 하려고 하면 여자친구는 너무 쉽게 스킨십을 허락하는 것은 나중에 신비감이 떨어져 좋지 않다면서 자꾸 거부한다. 뽀뽀는 자주하는데 키스는 왜 안 된다고 하는 것인지, 혹시 여자친구가 자신을 싫어하는 것은 아닌지 좋지 않은 생각을 자꾸 하게 된다고 했다. 연인 사이에 스킨십이 언제, 어디까지 허용되는 것인지 연애가 처음인 K씨에게는 어려운 문제라고도 했다.

/

사실 '연인 사이에 스킨십은 여기까지 가능합니다.' 라고 정해진 기준은 없다. 그러나 분명한 것은 개인이 비공식적으로 정한 경계선은 존재한다는 것과, 이것을 연인 사이라고 해서 상대방의 의사와는 상관없이 강요해서는 안 된다는 것이다. 인간관계 중에 일어나는 갈등의 많은 부분은 바로 나와 상대방 사이의 경계선이 설정되어 있지 않아서 생기게 되는 것들이다. 이것은 비단 연인 간의 신체적 스킨십뿐만 아니라 심리적이고 정서적인 부분의 경계선까지도 포함하고 있다.

상대방이 제안한 어떤 일이 즐겁지 않고 하고 싶지도 않다면 당신은 어떻게 대처하는 편인가? 나의 의견은 중요하게 생각지 않고 상대방의 의견을 무조건 따르는 편인가? 아니면 주관을 갖고 내가 가지고 있는 다른 의견에 대해 망설임 없이 말을 하는 편인가? 연애를 시작하고 친밀감이 어느 정도 높아지게 되면 우리는 때때로 나의 영역과 상대방의 영역을 구분 짓지 못하고 하나로 취급해 버리곤 한다. 그리고 어느 날 마치 내가 없어진 것만 같아 쓸쓸하지만 이것이 연애의 감정이라며 스스로 대수롭지 않게 받아들이는 경우도 있다. 물론 개인마다 기준은 다르겠지만 좋은 연애 관계는 친밀성과 독립성의 적절한 균형을 지켜주는 것이다. 그것의 경계를 구분 짓는 방법에도 감정 인식과 대인관계 기술이 필요하다.

건강한 경계선을 설정하기 위해서는 우선 나의 감정 상태가 어떤지 명확히 아는 것이 중요하다. 그런 다음 상대방에게 잘 설명해줄 수 있어야만 한다. 그리고 좋은 연애 상대는 그렇게 말해 준 상대의 경계선을 잘 지켜주고 자신의 경계선 또한 상대에게 분명히 말해주는 사람이다. 쉽게 말해 경계선은 서로를 얼마나 존중하고 있느냐의 문제인 것이다.

경계선으로 인해 연인 사이에 갈등이 유발되는 이유는 둘 중 한 사람이 다른 한 사람의 경계선을 통제하고자 하면서부터이다.

앞에 등장한 K처럼 여자친구가 스킨십의 수용 기준을 정해놓았다면 그것이 그녀의 신체적 스킨십에 있어서의 경계선인 것이다. 그녀와 좋은 관계를 지속적으로 유지하고 싶다면 그녀 스스로 경계선의 기준이 바뀔 때까지 기다려 주는 것이 좋은 연인의 자세인 것이다. 또한 친한 사이라도 이야기하고 싶지 않은 주제가 있다. 헤어진 옛 연인에 관한 이야기나 이혼한 부모님의 이야기, 그룹 내에 함께 있는 경쟁 상대에 관한 이야기일 수도 있다. 물론 이 이야기 안에 개인의 상처와 열등감 등 많은 심리적 문제를 담고 있기에 어느 부분에서는 연인의 입장에서 위로와 격려를 이유로 이야기를 꺼낼 수도 있을 것이다. 하지만 그렇더라도 상대방이 원할 때여야 한다. 그것이 바로 경계선을 지켜주는 방법이다. 그래서 연애 상대를 고를 때 나의 권리를 존중해줄 수 있는 사람을 선택하는 것이 매우 중요하다 할 수 있다. 그 누구도 친밀성을 무기로 독립성을 해쳐서는 안 되는 것이다.

그런데 혹시 나의 연인이 너무나 단단한 경계선의 벽을 치고 있다는 생각이 든다면 한 단계씩 천천히 친밀성을 획득해보는 기법을 사용해 보라고 권하고 싶다. 1966년 심리학자 프리드만과 프레이저(Freedman & Fraser)가 실험한 '문간에 발 들여 놓기 기법(foot-in-the-door technique)'이라는 것이 있다. 이것은 상대방에게 큰 부탁을 하고자 할 때는 먼저 작은 부탁을 해서 상대방이 그 부탁을 들어주게 하는 것을 의미한다. 실험 내용은 이랬다.

먼저 가정주부들에게 전화를 해서 가정에서 사용하는 제품들에 대한 질문 몇 가지에 답을 하도록 부탁했다. 사흘 뒤에 심리학자들은 다시 전화를 해서 이번에는 가정에서 사용하는 제품의 개수를 세어 보기 위해 집에 대여섯 명의 남자가 방문해서 찬장과 창고를 뒤져도 되는지 물었다. 이때 처음 질문을 거쳐 두 번째 질문을 받은 주부들이 처음 질문 전화 없이 두 번째 질문을 받은 주부들에 비해 두 번째 부탁을 들어 줄 가능성이 두 배 이상 높다는 것을 발견했다.

이것은 누군가의 작은 부탁을 들어주는 것이 나중에 더 큰 부탁을 들어주고 싶은 기분을 만들 수 있다는 뜻이다. 만약 지금의 연인과 더욱 친밀해지고 이 관계를 정착시키고 싶다면 연인이 작은 것부터 수용할 수 있도록 단계별 접근을 시도해 보는 것은 어떨까?

무엇이든 급하게 마신 물이 체한다는 말을 기억하도록 하자.

모든 걸 받아줘야만
사랑인 걸까

P의 만난 지 3개월쯤 된 여자친구는 평소 자신의 가족에 대한 이야기를 자주 했다. 그녀의 아버지는 알코올 의존증이 있었는데, 특별한 직업 없이 건설 현장에서 일을 했으며 술을 많이 마신 날에는 어김없이 그녀의 엄마를 폭행했다고 한다. 그러면서 너무 불행해서 지긋지긋한 가족을 빨리 벗어나고 싶다는 말을 했다는 것이다. P는 그녀가 안쓰러웠고 어떻게든 도움이 되어주고 싶어서 따뜻하게 대해줬다고 한다. 그런데 점점 그녀에게서 P를 구속하려는 모습이 보이기 시작하더니 급기야 학과 친구들과 MT를 떠난 날 생각지도 못한 일이 벌어졌다고 했다. 한밤중에 그녀가 전화를 걸어 지금 당장 자신에게 오지 않으면 자살을 할 거라고 말했다는 것이다. P는 너무 놀라서 그녀의 언니에게 전화를 해서 사실을 알렸다고 한다. 그 뒤로도 비슷한 일이 몇 차례 반복되었고 그때마다 P는 왜 이렇게 집착이 심하냐며 그녀를 다그치기도 하고, 이

해심이 전혀 없는 지독한 이기주의자라며 화도 냈다고 한다. 지리멸렬한 다툼을 이어가던 그는 결국 그녀와 이별을 결심했다고 했다.

우리는 과연 사랑이라는 이름으로 어디까지 참고 견뎌야 하는 것일까? 또 어느 부분까지 상호의존적 관계라고 할 수 있는 것일까?

캐나다 맥길대학의 정신의학과 마이클 미니(Micheal Meaney) 교수팀은 쥐 무리를 대상으로 하여 물을 채운 통에 쥐를 떨어뜨리고 쥐들이 헤엄치는지 가라앉는지를 실험했다. 미니 박사는 실험대상의 쥐들을 어미 쥐의 양육 스타일에 따라 두 그룹으로 나눴다. 다른 어미 쥐에 비해 3~5회 더 자주 새끼를 핥고 털을 골라서 젖을 먹인 어미 쥐와 양육에 무관심한 태도를 보인 어미 쥐의 그룹이었다. 새끼 쥐들이 물에 빠졌을 때 어미의 제대로 된 양육을 받은 새끼 쥐는 머리를 물 밖으로 내밀고 계속해서 헤엄쳤지만, 보살핌을 덜 받은 새끼 쥐들은 바로 헤엄치는 일을 포기했다. 이 실험을 통해 알 수 있는 것은 누군가 나를 지지해 주고 세상 밖으로 나갈 수 있도록 격려해 주는 '안식처'가 존재할 경우, 우리는 위기 상황에 봉착했을 때 스스로 문제를 해결하기 위해 독립적으로 행동할 수 있다는 사실이다.

아이든 성인이든 어린 시절 품에 안아줬던 엄마와 같은 안식처를 갈망하는 것은 동일한 욕구이며, 그 대상은 성인에게 있어서는 대개 연인이 된다. 어린 시절에 불안정 애착을 경험한 사람이라면 P가 만났던 여자친구처럼 안식처에 대한 갈망의 욕구가 더욱 강렬하게 나타난다. 상대방이 자신에게 연락하거나 달려올 수 없는 상황인 것을 알고 있으면서도 과도한 요구를 하는 것으로 자신에 대한 사랑을 확인하려 드는 것이다. 사실 끈질기도록 P를 힘들게 했던 그녀는 천하에 몹쓸 이기주의자가 아니라 그저 아픈 사람이었던 것이다. 관계를 유지할지 말지의 결정은 곧 상대방의 상처를 모두 감내할 수 있는지 없는지에 대한 문제가 되는 것이다. 간혹 상대방의 처지에 강한 연민을 느낀 사람은 자신이 그 또는 그녀의 치유자가 되어야겠다며 자신이 선택한 사랑에 자만심을 갖기도 한다.

하지만 사랑은 게임이 아니다. 클리어할 수 있는 수준의 것이 아니라는 것이다. 그저 한순간의 감정에 휘둘려 결정하기 전에 스스로가 안정형 애착의 유형에 속하는 사람인지부터 살펴보길 바란다. 그렇다면 불안정 애착형인 상대와의 사랑에도 어느 정도 희망을 걸어 볼 수 있을 테니 말이다. 물론 예외의 경우는 어느 곳에나 존재함은 나 역시 인정한다.

연인이나 부부 사이는 상호의존적이어야 한다. 상호의존적이라는 것은 한 사람이 다른 한 사람을 통제하고 구속하는 것이 아니라 서로가 쌍방 간에 마음의 안식처로서 기댈 수 있는지, 또 그것의 결과가 서로를 여러 면에서 더 나은 사람으로 발전시켜 줄 수 있는지이다. 사랑은 결코 한 사람의 일방적인 희생으로 이어나갈 수 있는 성질의 것이 아니기 때문이다.

'너'에 대한 불만보다는
'나'의 감정으로

비온 뒤에 땅이 굳는다는 말이 있다. 이것은 갈등의 긍정적인 측면을 이야기하는 것이다. 갈등 없이 살아갈 수 있는 사람은 없을 것이다. 중요한 것은 갈등의 발생 여부가 아니라 갈등이 발생한 후 이것을 어떻게 해결할 것인가이다. 미국의 심리학자 존 가트맨(John Gottman)은 갈등 해결 방식을 세 가지 유형으로 구분했다. 가능한 한 안심되는 말들로 원만하게 해결하고 싶은 사람과 다른 주제로 관심을 바꾸고 회피하는 사람, 상대방을 비난하며 공격하는 사람. 당신은 어떤 유형과 닮아 있는가?

회피하는 사람의 경우, 문제가 없는 것처럼 무시해버리고 상황을 축소하거나 외면하는 것은 관계를 발전시키는 것에 도움이 되지 못한다. 당장은 큰 다툼 없이 지나가는 듯 보여서 마음이 편할 수도 있으나 당신의 연인은 그런 당신의 태도가 불쾌하고 무책임하게 느껴져 비난하거나 계속 추궁하듯 답을 요구할 수도 있다. 공격하는 사람은 자신의 감정대로 거침없이 말을 전달했다는 점에서 후련함을 느낄 수도 있지만 상대방은 무례한 당신의 행동에 불쾌하거나 좌절했을 수도 있고 두려워 더욱 숨고 싶어 할 수도 있을 것이다. 비온 뒤에 땅이 굳어지게 하려면 어떤 것들을 실천하면 좋을까?

갈등을 미리 예방할 수 있다면 더할 나위 없이 좋은 방법일 것이다. 그렇지 못하고 다툼으로 이어졌다면 상대방의 감정을 읽어주는 것이 가장 최우선시 되어야 한다고 생각한다.

직장 동료들과 회식이 있다고 했던 연인이 집에 잘 들어갔는지 궁금해 늦은 밤 전화를 했는데 받질 않는다. 새벽까지 몇 차례를 더 했지만 여전히 연락이 닿질 않는다. 다음날 정오가 되어서야 상대방에게 전화가 왔다. 화를 참지 못하고 이렇게 말해버린다.

A_ 넌 어떻게 회식만 하면 항상 연락두절인거야? 결혼해서도 계속 이렇게 무책임하게 행동하면 어떻게 믿고 살 수 있겠어?

B_ 항상 그랬던 건 아닌데.

A_ 지금 그럼 잘했다는 거야?

B_ 그럼 넌 잘해서 회식할 때 전화기 꺼져있어?

A_ 너랑 나랑 같아?

두 사람 모두 서로의 감정을 읽어주는 갈등 해결식 대화를 나눴다기보다는 서로의 행동을 비난하는 공격적인 태도를 취하고 있다. 처음부터 "어제 늦었어? 연락이 닿질 않아 많이 걱정 되서 계속 전화했는데." 로 표현했다면 어땠을까? 다툼으로 번지진 않았을 것이다. 사람은 누구나 상대가 내 감정을 읽어주는 것만으로도 관심과 공감을 받고 있다는 생각에 마음의 안정을 찾게 된다. 안정된 심리상태는 보다 이성적이고 합리적인 대처 방식을 취하는 것에 영향을 줄 것이다. 또한 감정을 읽을 때에는 "많이 걱정이 됐어." 라며 나의 감정을 상대에게 전달하는 것과 "내가 화가 났을까봐 걱정되고 불안했지?" 라며 상대방의 감정을 읽어주는 것을 상황에 맞게 적절히 표현한다면 더욱 좋다. 이때 '많이, 조금'처럼 감정의 강도(약, 중, 강)까지 표현할 수 있다면 훨씬 높은 수준의 공감을 기대할 수 있겠다.

그리고 갈등의 상황을 최악으로 향하지 않게 하기 위해서는 누가 들어도 불쾌한 언어 표현을 삼가야 한다. 위 대화의 경우 다툼의 도화선이 된 단어가 있다. 바로 '항상', '계속'이다. 자주, 항상, 늘, 매번, ~때마다 등의 빈도수를 나타내는 단어는 상대방으로 하여금 반박의 여지를 주는 것이기 때문에 사용하지 않는 것이 좋다. 또 한 가지는 사실보다 상대방의 말과 행동에 대한 평가, 판단의 말이다. 그냥 "결혼한 후 연락이 닿질 않는 일이 생길까봐 걱정이 돼." 라고 했다면 상대방은 미안함 마음이 살짝 들 것이다. 하지만 "무책임하게 행동하면 어떻게 믿고 살 수 있겠어?" 라는 비난식 평가의 말은 반박하고 싶은 욕망을 건드리는 표현이다. 특히 존 가트맨은 관계를 파괴시키는 유형에 해당하는 비판, 경멸, 방어, 장벽 쌓기를 피해야 한다고 강조했다.

사실 우리가 이런 싸움의 과정을 모른다거나 상대방을 화나게 하는 것이 무엇인지를 모르는 것은 아니다. 다만 머리끝까지 올라온 화를 순간적으로 참지 못한다는 것이 핵심인 것이다. 내 개인적으로 순간적으로 치솟는 화를 낮추는 방법은 내가 감정대로 쏟아낸 후 이어질 최악의 상황을 떠올리는 것이다. 그리고 그 지경에까지 이르고 싶지는 않다는 내면의 외침에 온몸과 마음의 신경을 집중한다. 잠깐사이지만 화를 적어도 2~3단계 정도까지 낮출 수 있게 된다.

어떻게 갈등을 극복할 것인가 보다 왜 싸워야만 하는지에 대해 답하는 것이 먼저이다.

착한 아이보다는
솔직한 나를 보여주기

사귀는 남자의 조건과 성향을 말하다 보면 친구들이 입을 모아 "그 사람은 아닌 것 같아."라고 말하는 경우가 있다. 어쩌면 그녀도 그 친구들의 입장이라면 똑같이 말했을 법한 그런 상황이다. 그녀도 알고 있는 것이다. 하지만 그녀는 그를 모른 척 할 수가 없다. 부유하지 못한 가정에서 성장기를 보냈던 그녀는 항상 언니와 동생들을 위해 양보하고 희생하는 것에 익숙했고 그때마다 가족들은 "ooo는 너무 착해." 라는 말을 했다. 그 말은 그녀를 꼼짝할 수 없게 했다. 이젠 그게 행복인 것만 같다. 월급의 대부분은 자신을 위해서가 아니라 가족들 위해 지출을 한다. 언니는 결혼을 했기에 자신의 가족에 충실해야 하니 자신이 이혼한 엄마와 동생들 곁에서 남편과 아빠의 역할을 해내야 한다고 생각한다. 그녀가 생각하는 행복은 단순하다. 자신이 욕심 부리지 않으면, 자신이 불편함을 견디면 모두가 편해질 수 있으니 그것으로 족하다는 것

이다. 뭐든지 먼저 선택을 하기보다는 남은 것이 자신의 몫이라고 당연하게 받아들인다. 이런 성격은 직장에서 일을 하거나 관계를 맺을 때에도 동일하게 나타난다. 다른 동료들이 휴가 날짜를 모두 정하고 나면 남은 날짜를 선택하고 또 타인의 부탁을 거절해 본 적이 없다.

이렇게 타인을 위해 맞춰주는 것이 습관이 되어버린 사람이 연애를 하게 되면 완성보다는 미완성된 상대방이 자신에게 어울린다고 생각한다. 상대방의 부족한 부분을 채워주고 싶고 그것이 연인의 역할이라는 생각을 한다. 모든 인간관계에 있어서 원하는 모습은 그저 '착한 아이'가 되는 것이다. 그래야만 다른 사람들로부터 따돌림을 당하지 않고 연인에게도 버림받지 않을 것이기 때문이다. 그래서 그녀들은 자신의 희생이 필요한 상대에게 더욱 끌리는 것이다. 누구에게나 행복해질 권리는 있다. 착한 아이 콤플렉스에 빠져 있는 사람은 스스로 자신이 행복할 기회를 차단하고 있는 것만 같아 안타까운 마음이 든다.

어린 아이가 가족 안에서 누려야 할 다섯 가지 자유가 있다.

1) 보고 들을 자유

2) 느끼고 표현할 자유

3) 생각하고 말할 자유

4) 원하는 것을 바라고 선택할 자유

5) 모험하고 나아갈 자유

이러한 자유의 보장은 아이의 불안과 공격성, 성적 욕망과 같은 본능적 욕구를 수용해주는 구체적 방법이며, 아이에게 자존감이 회복되는 과정으로 작용된다. 그러나 이 다섯 가지의 자유를 보장해 주는 것이 생각보다 어렵다. 사실 많은 부모들은 은연중에 '~하지마.' 라는 말을 너무나, 자주, 아무렇지 않게 사용한다.

1) Be Blind -보지 마.

2) Don't Talk - 말하지 마.

3) Don't Feel -느끼지 마.

4) Don't Trust -믿지 마.

5) Be Good -그래야 착한아이란다.

가족이 모여 밥을 먹는 식탁에서 "밥 먹으면서 말하지 말랬지.", 넘어져 우는 아이를 향해 "시끄러워, 그만 울지 못해?", "남자는 아무데서나 울면 안 된다고 했지?", 무엇인가 맘에 들지 않아 짜증을 부리는 아이에게 "너 한번만 더 그러면 혼날 줄 알아!" 라며 엄포를 놓는다. 그리고 부모가 원하는 대로 순종적인 태도를 보이면 "떼쓰지 않고 어린이집 가니 얼마나 예뻐? 우리 ooo, 너무 착해." 라며 그저 착한 아이면 된다는 암묵적 강요를 하고 있는 것이다.

어쩌면 그녀의 부모님도 그녀에게 착한 아이가 되기를 교육했는지도 모르겠다. 이것은 착한 아이가 되지 못하면 누구에게도 사랑받을 수 없을 거라는 심리를 연애 관계에도 자리하게 만든다. 이러한 착한 아이 연기는 언젠가는 자신의 내면 욕구를 억제하고 희생해서 따라오는 우울증을 경험하게 할 수도 있다. 슬프게도 상대방은 당신의 우울감을 이해할 수 없을 것이다. 한 번도 당신의 행동을 희생이라고 생각하지 않았을 것이기 때문이다. 착한 아이 옆에 있는 사람들은 하나같이 말한다. "ooo은 착해서 원래 이런 걸 좋아해." 당신이 그저 자신이 좋아하는 것을 선택하고 그것에 만족하는 사람이라고 생각할 것이다. 그래서 당신이 뒤늦게 요구하는 것들에 대해 오히려 당황스러워 할지도 모른다.

나의 감정과 욕구를 감추는 것이 언제나 미덕이 될 수는 없다. 당신이 솔직해서 떠날 사람이라면 언젠가는 떠날 사람이다. 그러니 좀 더 감정과 욕구의 표현에 솔직하게 용기를 내 보자.

완벽한 사랑을
꿈꾼다면

완벽한 사랑은 존재하는 것일까? 우리는 흔한 말로 세상에 완벽한 사랑은 없다고 말한다. 사랑을 꿈꾸는 로맨티스트 여자와 성공을 꿈꾸는 워커홀릭 남자가 주인공인 영화 'If Only(이프온리)'. 두 사람은 서로를 사랑하지만 여자는 일만 생각하고 자신은 뒷전인 남자의 모습에 마음이 아프고, 남자는 자신을 이해해주지 못하는 여자를 답답해한다. 여자는 어느 날 남자에게 진짜 사랑은 둘이 아닌 하나가 되는 느낌이라고 설명한다. 그것은 사소한 것부터 심오한 것까지 진정으로 한마음이 되는 것이며, 그런 사랑이 이루어진다면 자신은 지금 당장 죽어도 두렵지 않다고 말한다. 그렇다면 영화의 여자 주인공 말처럼 되는 것이 우리가 궁금해 하는 완벽한 사랑일까?

미국의 심리학자 로버트 스턴버그(Robert Sternberg)는 완벽한 사랑에 대해 열정, 친밀감, 헌신이라는 세 가지 요소가 정확한 비율로 균형을 갖게 되는 것이라고 정의했다. 사랑의 삼각형 이론은 다양한 사랑의 형태를 세 가지 요소로 구성된 삼각형의 모양과 크기로 구분하여 설명한다. 열정은 사랑의 뜨거운 측면이다. 연인 간 신체적(성적) 매력을 느끼고 상대방과 함께 있고 싶고 일체가 되고 싶은 강렬한 욕망을 일으키는 것이다. 친밀감은 사랑의 따뜻한 측면이다. 친구와의 우정 같은 것이다. 가깝고 편하며 서로를 잘 이해하고 함께 공유하는 것이 많은 것이다. 헌신은 사랑의 차가운 측면이다. 단기적으로는 상대방을 사랑해야겠다고 결심하는 것과 장기적으로는 그것을 지키겠다는 행동적 표현으로 선택과 결정, 그리고 책임의식과 연결되어 있다고 설명할 수 있다. 로버트 스턴버그는 이 삼각형의 크기가 크고 정삼각형에 가까울수록 이상적인 사랑을 의미한다고 했다.

남편과 나는 1년이 채 되지 않는 비교적 짧은 연애 후 결혼을 한 경우이다. 대학 동문이기 때문에 주변 지인들이 동일인인 경우도 많았고 그만큼 공유할 수 있는 이야기도 많았다. 자연스럽게 짧은 시간에 친밀감을 형성하는 것이 어렵지 않았다. 서로에 대한 호감도도 높았기 때문에 열정에 대한 요소도 부족하지는 않았다고 생각한다. 하지만 헌신에서는 아무래도 연애 기간이 짧아서인지 사랑하겠다는 단기적 결심은 빨랐을지 몰라도, 상대방에 대한 책임에 관해서는 그 크기가 크지 않았던 것 같다. 사랑의 삼각형 이론으로 이야기하자면 우리 두 사람의 사랑은 열정과 친밀감이 결합된 낭만적인 사랑이었던 것이다. 사랑을 지속하려는 의지가 강했기에 결혼을 결심하는 것에도 사실 큰 고민이 없었던 것 같다. 하지만 헌신적 요소가 부족한 상태에서 결혼을 한 탓인지 신혼

초에 봉착하는 문제들을 함께 의존해서 해결하지 못했고, 서로의 해결 의지에 대해서도 충분히 믿고 지지해주지 못하는 실수를 범하기도 했다.

　연애를 시작한 모든 연인들은 완벽한 사랑을 꿈꾸게 된다. 특별하게 공식을 가지고 있지 않다면 로버트 스턴버그의 삼각형 이론을 기억하는 것도 좋을 것이다. 우선 친밀감과 헌신적 요소가 높은 '우애적 사랑'에 해당하는 커플은 열정적인 뜨거움은 없지만 서로를 누구보다 잘 이해할 수 있으며, 연애 관계 또는 결혼 후 부부 관계를 유지하기 위해 노력하는 유형이다. 편안함이 권태로 작용하지 않도록 함께 하는 취미를 만들어 보거나 새로운 것들을 시도하는 것도 좋을 것이다. 또 우리 부부처럼 친밀감과 열정으로 이루어진 '낭만적 사랑'의 관계는 육체적으로나 정서적으로 안정된 모습의 사랑에 해당한다. 하지만 뜨거운 사랑을 지속하기 위해서는 특별한 감정에 치우쳐 민감하게 반응하는 것보다는 이성적 판단을 통해 상대방에게 조금 더 집중하는 배려가 필요하다. 마지막으로 친밀감은 배제된 채 열정과 헌신적 요소가 높은 사랑의 유형은 '얼빠진 사랑'이라 한다. 흔히 첫눈에 반해 불같은 사랑을 나누고 결혼까지 결심하게 되는 것이다. 하지만 서로에 대해 알아가고 많은 것들을 공유하며 쌓아가야 하는 친밀감이 형성되지 않은 상태이기에 어느 순간 열정이 식게 되면 헌신적 요소만 남게 되는 공허한 사랑으로 바뀔 수도 있다. 말 그대로 의무감에 살아간다는 뜻이 되어버리는 것이다. 과연 나와 연인과의 관계는 어떤 사랑의 유형에 더 가까운지, 또 부족한 부분은 무엇인지 체크하여 채워나갈 수 있기를 바란다.

　우리는 사랑을 통해 친구와 애인, 부모가 무엇인지를 배우게 될 것이다.

답을 찾지 말고
내 마음을 읽어 주길

어느 날 공항에서 있었던 일이다. 30대 젊은 엄마 뒤로 6살 정도의 여자아이와 초등학생으로 보이는 남자아이가 따르고 있었다. 엄마를 쫓기 위해 급히 뛰던 여자아이가 그만 넘어지고 말았는데 다행히도 엄마가 재빠르게 아이를 일으켜 세워 안았다. 그러더니 엄마는 아이에게 "괜찮아, 괜찮아. 안 다쳤으니 괜찮아."라며 말하고 있었다. 그런데 어찌된 일인지 엄마 품에 있던 아이는 크게 울며 "안 괜찮아! 안 괜찮아! 아프단 말이야." 라며 속상한 듯 엄마에게 소리쳤다. 엄마는 괜찮았을지 모르나 아이는 아프기만 하지 전혀 괜찮지가 않았던 것이다. 그렇게 검색대를 통과한 아이는 다시 엄마를 쫓아 뛰더니 얼마 가지 못해 다시 한 번 넘어지고 말았다. 그때 엄마의 태도는 처음 넘어졌을 때와는 달랐다. 짜증 섞인 목소리로 "뭐야? 너 왜이래? 똑바로 안 걸을 거야?" 라며 소리친 것이다. 좀 전까지만 해도 아프다며 소리 지르던 아이는 엄마의 화에 겁이 난 것인지 잔뜩 웅크리고 울음마저 뚝 그쳤다. 고개를 푹 숙인 상태로 겨우 눈만 위로 올려 뜬 채 잔뜩 화가 난 엄마의 얼굴을 쳐다보고 있었다. 이 상황은 아이가 자라고 성인이 되었을 때 애인과의 관계에서 애착욕구의 충족에 중요한 기억이 되어있을지도 모른다. 이 상황을 바로 잡아 볼 필요가 있을 것 같다.

우선 처음 넘어졌을 때 곧바로 일으켜 세워 안아준 것은 참 잘한 행동이다. 그러나 그 뒤 "괜찮다." 라고 말하기보다는 우선 감정을 읽어줬어야 한다. "놀랐지? 많이 아프니? 엄마도 너무 놀랐어. 괜찮아?" 라고 해줬어야 하는 것이다. 또한 두 번째 넘어졌을 때도 첫 번째와 동일하게 감정을 읽어준 후 아이가 가졌을 근본적인 욕구를 읽어줬다면 좋았을 것이다. 왜냐하면 반복되는 실수나 잘못에는 반드시 원인이 존재할 것이기 때문이다. "엄마랑 같이 걷고 싶어서 빨리 뛰었던 거지? 엄마가 비행기 시간이 얼마 남지 않아서 서두르다보니 깜박했어. 미안해. 우리 손잡고 옆으로 함께 걸을까?" 라고 해줬어야 한다. 아이가 한 행동을 볼 것이 아니라 그 행동을 유발시킨 욕구를 읽어야 하는 것이다. 이것이 감성지능이다.

위의 젊은 엄마가 아이의 감정을 단정 지어 말한 것과 비슷한 정서적 반응과 욕구가 연애와 사랑의 순간에 적용된다면 아마 이럴 것이다.

"그래, 알았어."
"별 것도 아닌 일에 뭘 그렇게 걱정하는 거야?"

"그건 아니지. 다시 설명해 줄게."

"내 말이 이해가 안 돼?"

여자를 혼란스럽고 화나게 하는 말들이다. 애인이 자신의 감정을 무시하거나 '~일 거야.'라며 단정 짓고 논리적으로 설득하려고 할 때 여자들은 외롭다고 느끼고 서글퍼진다. 상대방의 우선순위에 자신은 포함되지 않는다고 생각하고, 사랑받지 못하고 있다고 느끼는 것이다.

"정말 사랑하기는 하는 거야?"

"어떻게 그런 말(행동)을 할 수 있어?"

"당신이 가족을 위해서 뭘 했는데?"

"내 마음이 느껴지지 않아?"

남자를 혼란스럽고 화나게 하는 말들이다. 자신이 노력하고 있는 부분을 상대방이 알아주지 않고 인정해주지 않을 때 남자들은 억울하기만 하다. 자신을 더 이상 신뢰하지 않는다고 생각하고 사랑받지 못하고 있다고 느끼는 것이다.

우리는 여성의 뇌를 '공감적 뇌', 남성의 뇌를 '체계적 뇌'라고 한다. 이것은 여성과 남성의 감정과 사고, 행동으로 연결되는 동기 자체가 다르다는 것이다. 언젠가 그룹 코칭을 하는 과정에서 커플 그룹별로 상대 커플 그룹에게 원하는 욕구에 대해 이야기하는 시간이 있었다. 여성 그룹은 '소통, 이해, 공감, 감정표현'에 대해서, 남성 그룹은 '인정, 칭찬, 신뢰, 감사'에 대해서 우선적으로 이야기를 하는 경우가 많았다. 바로 이것이 상대의 감정과 욕구를 단정 짓게 하는 뿌리가 되기도 한다.

이때 남녀가 추구하는 마음의 동기, 정서적 욕구의 우선순위가 다름에 대한 통찰을 가지고 있다면 갈등상황에서 반응이 달라질 수 있을 것이다. 서로가 중요하게 생각하는 욕구를 상대방이 알아주지 않을 경우 부정적인 감정이 발생한다. 그러니 적어도 그 욕구를 거스르는 표현 정도만 피해가더라도 우리는 큰 싸움으로부터 자유로워질 수도 있다는 것이다.

남편의 경우 자신이 한 행동에 대해 내가 결과만을 가지고 이야기 하고 판단하는 것에 가장 크게 반발하는 편이다. 어느 날 나에게 자신이 한 노력의 과정을 인정해 달라는 말을 했다. 자신의 행동이 무가치한 것으로 취급 받는 것이 싫었다는 것이다. 그리고 정확히 감사의 표현을 했을 때 문제해결과 개선을 위해 좀 더 노력하고 싶은 마음도 생긴다고 말해 줬다. 몇 번의 말다툼을 통해 우리는 서로의 정서적 욕구를 알아차릴 수 있었고 이제는 그 부분을 충분히 충족시켜주기 위한 대화 기술을 활용하고 있다. 물론 내 감정이 깊은 우울감에 빠져있는 경우라면 상대방의 욕구를 충족시키는 것에 크게 관심 갖지 않는다는 것 또한 알게 되었다. 결국 내 감정의 흐름이 편안하게 회복되어야 타인에게로의 감정 이입도 가능하기 때문이다.

상대방의 정서적 욕구에 대해 잘 모를 경우에는 상대방의 말, 몸짓 등에서 느껴지는 감정을 읽어주는 것만으로도 갈등을 완화시킬 수 있다. 나는 가족상담협회에서 주최한 한 세미나에서 체계론적 가족상담의 대가인 독일의 피터 카이저(peter Kaiser) 박사가 직접 진행하는 상담 현장을 볼 수 있었다. 그가 부부들의 갈등 상황을 중재할 때 감정을 읽어주는 것에 상당히 많은 시간을 할애하고 있다는 것을 단박에 발견할 수 있었다.

외형적으로는 사업에 투자한 금액을 되찾지 못해 경제적으로 문제가 생겼고 그것에 대해 제대로 처리하지 못한 일로 갈등이 발생했을 수 있다. 하지만 우리가 집중해야 하는 갈등 해결의 방법은 외형적으로 나타난 문제 해결을 위한 체계적인 접근법이 아니다. 사실 두 사람의 갈등은 서로를 이해하거나 인정해주지 않았던 정서적 욕구에 반하는 태도에서 만들어진 것일 수도 있기 때문이다.

"그런 생각을 하니 슬픔이 올라오나요?"

"그래서 힘들었군요?"

"이것을 이야기하는 것이 많이 곤욕스럽군요?"

"슬퍼하는 것까지도 절제해야 한다는 감정을 느끼는군요?"

"죄책감 때문에 힘들군요?"

무엇인가 상담을 통해 문제해결 방법을 제시하기보다는 내담자의 감정을 그대로 읽어주는 것만으로도 충분히 두 사람의 갈등에 접근할 수 있었다. 때로는 우리가 매달리고 있는 문제 해결의 방법보다는 서로의 감정에 집중하는 것이 두 사람 사이의 갈등에 답이 되는 경우도 있다. 쉽게 프로세스 같은 순서라고 바라보면 좋을 것이다.

우리는 서로의 정서적 욕구가 충족된 뒤에서야 온전히 합리적 문제해결의 방법에 대해 타협할 수 있게 된다.

/

함께 헤쳐 나갈 수 있는
감정 탈출구

/

       꼼꼼하고 세심한 성격의 남편, 대범하면서도 강한 추진력을 가진 나.

   우리 두 사람은 결혼하고 얼마 지나지 않아 일본 여행을 다녀온 적이 있다. 내가 여행을 준비하며 대략적인 루트만 짜는 편이라면, 남편은 둘러보게 될 지역을 인터넷 위성사진을 통해 정확히 체크하고 여행 책자에 색깔 있는 펜과 포스트잇을 이용해 표시를 해두는 편이다. 한마디로 서로 너무도 다른 여행의 방식을 가진 것이다. 4박 5일 동안 별 탈 없이 여행을 했고 이제 한국으로 돌아오는 비행기를 타기 위해 공항으로만 가면 되는 상황이었다. 분명히 공항까지 가는 열차임을 확인하고 올라탔다. 공항까지 도착하려면 1시간이 걸렸기에 우리는 잠시 열차에서 눈을 붙이기로 했다. 그렇게 40분 정도가 흘렀을까? 본능적으로 눈을 뜬 우리는 무엇인가 잘못되었다는 것을 느꼈다. 공항으로 들어가는

/

열차 안인데 교복을 입은 중, 고등학생들이 열차 안에 가득 타고 있었던 것이다. 고개를 들어 주위를 둘러보니 밖으로 보이는 풍경은 논과 밭이 펼쳐진 농촌 마을이었다. 나는 짧은 일본어 실력으로 학생들을 붙잡고 이것저것 묻기 시작했지만 긴장을 한 탓인지 잘 알아들을 수가 없었다. 여행 내내 나의 짧은 일본어 실력에 가이드를 맡겼던 남편은 처음으로 영어를 이용해 현지인과의 소통에 나섰다. 사건의 내막은 이랬다. 우리가 처음 탔던 열차는 분명 공항까지 가는 열차가 맞았다. 정확히는 우리가 탔던 열차의 객실을 제외한 나머지 객실은 공항까지 가는 것이 맞았다. 우리나라의 서울 지하철 1호선은 인천행과 수원행이 있다. 같은 1호선이지만 마지막 종착역에 따라 열차 자체가 구분되어 있는 것이다. 그런데 우리 부부가 일본에서 탔던 그 열차는 열차의 객실마다 목적지가 달랐고, 그래서 중간마다 열차 객실이 분리되어 각자의 목적지로 향하는 시스템이었던 것이다.

비행기를 못 탈 수도 있다는 불안감 때문이었는지 남편은 여행한 이래 처음으로 내게 약간의 짜증 섞인 말을 했다. "그러니까 내가 잘 준비해서 알아보고 오자고 했지?" 물론 남편의 마음을 이해하지 못하는 것은 아니었다. 그래도 여행하는 동안 짧은 일본어 실력으로 길을 찾고, 음식을 주문하고, 현지인들과 소통하며 많은 부분에서 애썼음에도 불구하고 이런 나의 노고가 한순간에 물거품이 되는 것만 같아 속상했다. 그 순간 갑자기 이대로 끝나는 건 '억울하다'는 기분이 들었다. 게다가 불안하기는 나도 마찬가지였던지라 어떻게든 이 억울하고 불편한 상황을 바꾸고 싶었다. 결국 나는 멋쩍어하며 미안하다고 말한 뒤

한 마디를 덧붙였다. "와우, 완전히 스펙타클한 여행 아니야?"

어찌 보면 대범할 수도, 화통할 수도 있다. 이것은 내가 평상시 여행은 그저 즐기는 것이고 또 준비 없이 떠나는 여행일수록 예상치 못한 일들에서 만들어질 해프닝으로 인해 더욱 흥미로워질 수 있다는 생각을 가지고 있었기 때문이다. 나의 웃지 못할 반응 때문이었을까? 남편도 이내 안정을 찾았다. 그때부터는 감정이 아닌 이성의 뇌를 가동시켜 차분하게 가장 빨리 공항에 도착할 수 있는 방법을 찾아내는 것에 함께 집중했고 우리는 무사히 한국행 비행기를 탈 수 있었다.

지금도 일본 여행을 기억하면 그날의 긴장되던 몇 시간이 가장 먼저 떠오른다. 물론 다행스럽게도 그날의 기억은 두고두고 우리에게 즐거운 감정을 연결해주고 있다. 하지만 만약 긴장과 불안의 감정을 벗어나지 못했더라면 우리 두 사람은 어떻게 되었을까? 비행기는 탈 수 있었을까? 아니, 우리는 두 번 다시 일본에 가는 것을 원치 않게 되었을지도 모른다.

사람이 함께 하는 곳에서는 얼마든지 크고 작은 갈등이 생길 수는 있다. 한 가지 부정적인 감정에 너무 오래 머물러 있게 되면 타인을 탓하거나 자신이 쓸모없는 사람이라는 사고가 굳어지게 되고 이는 관계를 악화시키는 말과 행동으로 연결된다. 이럴 때일수록 스스로에게 해당 감정으로부터 빠져나올 수 있는 질문들을 던질 수 있어야 한다.

'지금보다 마음이 편안해질 수 있도록 조금 더 의연해질 수는 없을까?'

'지금보다 편안해질 수 있는 방법엔 무엇이 있을까?'

'이 상황이 지속된다면 우리의 관계는 어떻게 될까?'

'긴장과 불안으로부터 자유로워지려면 나는 무엇을 해야 할까?'

'지금의 내 태도는 상황을 극복하는데 도움이 되는 것일까?

사고의 전환이 행동을 바꿔줄 것이다.

나를 괴롭히는 사고(생각)에 먹이를 줄 필요는 없다.

더 이상 감정에 치우치지 않고 연인이 협력하여 문제를 해결하기 위해서는 보다 감정에 대해 자세히 들여다보아야 한다. 우리의 감정은 본능이 아닌 기억의 부산물임을 알 필요가 있다. 즉, 내 눈앞에 펼쳐진 상황을 내가 경험한 어떤 기억의 정보와 연결시키느냐에 따라 감정의 종류는 순간적으로 바뀔 수 있다는 것이다. 똑같지는 않지만 비슷한 기억 속에 내가 문제를 해결했던 긍정적인 결과를 가지고 있다면 우리의 뇌는 현재 내 감정을 그 기억과 연결시킨 후 빠르게 안정감을 찾을 수 있는 방법을 안내할 것이다. 그러나 기억 속의 내가 스스로 문제를 해결하고 타인으로부터 충분한 인정과 칭찬을 받아 본 적이 많지 않다면 긍정적인 기억과 행동으로 연결되는 것이 어려워질 수도 있다.

우리 부부가 낯선 타국에서 느꼈던 당황스러운 감정이 급물살을 타고 '긴장-불안-걱정-두려움'으로 바뀌는 것엔 이런 원리가 들어 있었던 것이다. 해결할 수 없다는 부정적 생각은 도미노처럼 점점 더 강한 부정적 감정을 키울 것이고, 결국 내가 정복할 수 없는 험한 산으로 해석되어 중도 포기하고 말 것이다.

내가 주되게 가지고 있는 생각의 패턴이 부정적 또는 패배의식에 젖어있거나 반대로 지나치게 낙관적이라면 나의 감정과 연결된 기억의 부산물이 어떤 것인지에 대해서도 발견할 수 있기를 바란다. 그것은 순간적으로 통제가 불가능한 내 감정을 조절하는데 큰 도움이 될 것이다. 현재 내가 해결할 수 '있다, 없다'의 문제가 아니라 과거에 내가 그랬다는 것일 뿐이기에, 바꾸고자 하는 '결심'만 세울 수 있다면 충동적으로 올라왔던 감정은 어느 정도 통제가 가능해진 다는 뜻이다.

갈등 상황을 극복하는데 있어 감정을 통제하는 것은 매우 중요하다. 오랜 시간동안 마음의 독으로 작용되었던 감정에는 탈출구가 필요한 것이다. 독이 되어 연결된 기억은 그저 괜찮다는 말로 억압해서 묶어두는 것으로는 답이 되질 못한다. 연인이라는 감정 탈출구에게 솔직하게 털어놓는 것으로 건강하게 '환기'시킬 수 있기를 바란다.

분명 당신의 연인은 이미 충분히 들어 줄 준비가 되어 있을 것이다.

그 사람의
'곁'에 있는다는 것

　　나의 연인이 너무나 천사여서 고민인 사람들이 있다. 도대체 나를 사랑은 하는 것인지 하루에도 몇 번씩 그 사람의 머릿속이 궁금해지기도 한다. 처음에는 그저 사람이 너무 착해서, 친구가 많아서이겠거니 했다. 하지만 오지랖도 그런 오지랖이 없을 정도로 다른 사람들의 일에 두 팔 걷고 나서는 그 사람이 걱정스럽기만 하다.

　　급하게 돈이 필요한 친구에게 돈을 빌려주고, 이별로 슬퍼하는 친구를 위로하기 위해 새벽 2시에도 망설임 없이 집을 나서고, 중요한 모임이 아니어도 애인과의 약속도 잊은 채 자리에서 일어나지 못하는 그 사람을 볼 때마다 자신이 진짜 애인이긴 한 건지, 도대체 몇 번째 순위인지 의심이 들 때도 있다. 타인을 걱정하고 타인의 일에 애정과 관심을 쏟는 만큼 나를 좀 봐달라고 하는 것은 왠지 이해심이 부족하거나 성숙하지 못한 사람의 태도인 것만 같아서 그냥 보고 있자니 상대방에 대한 불만은 점점 커져만 간다. 어쩌면 이 상태 그대로 두 사람이 결혼을 하게 되면 분명 갈등을 극복하는 것이 힘들어질지도 모른다. 그러기 전에 점점 어긋나기만 하는 마음의 거리를 좁혀야 한다.

　당신의 연인은 왜 당신과 자기 사이, 곁에 다른 사람을 두는 것일까? 한번 그 사람을 이해해 보도록 하자. 얼핏 보면 타인에게 관심이 많은 대인관계력이 뛰어난 사람으로 보일 수도 있다. 하지만 어쩌면 내면 깊숙한 곳에서는 타인으로부터 거절당하고 혼자 남는 것에 대한 두려움과 불안한 감정이 큰 의존형의 사람일 수도 있다. 의존형의 사람은 크게 두 가지 패턴으로 나타난다. 하나는 무조건 타인에게 의지하려고 하는 '어린아이형'이고, 또 하나는 모든 중심이 타인에게 맞춰져 있는 '헌신형'이다. 보통 어린아이형의 경우 문제의식을 가지고 바라보지만 헌신형의 경우는 그저 좋은 사람으로 받아들이기 마련이다. 의존형인 사람들의 가장 큰 문제는 자신의 생각이나 감정에 주체가 되지 못하고 타인의 생각이나 판단, 감정에 휘둘린다는 것이다. 그것은 안타깝게도 어린 시절부터 자신이 느끼는 감정이나 생각이 다른 사람에게 아무런 영향을 끼치지 못하는, 그야말로 그다지 중요하지 않은 인생을 살아왔기 때문이다.

　사실 '곁'이라는 단어는 '애착'과 밀접하게 연결되어 있다. 애착에 있어 안정형의 사람은 신뢰를 바탕으로 한 상호작용을 통해 자신과 타인, 세상을 이해한다. 하지만 불안정형의 사람은 자신감이 낮아 상대에 대한 강한 집착을 보이면서 의존적이 되는 것이다.

개인 코칭을 했던 사람 중에 이런 의존형이 있었다. 그의 어린 시절에 부모님은 이혼을 했고 자신은 조부모에게 길러졌다. 중학생이 되었을 때 엄마마저 재혼을 하게 되었고 자신은 조부모나 친척들에게 그저 착한 아이로 보여 지는 게 좋을 것이라는 생각을 했다는 것이다. 어린 나이임에도 불구하고 그렇게 판단한 이유는 자신의 감정과 생각을 솔직하게 표현하는 것은 그들로부터 거절당하거나 버림받을 수 있다는 뜻이라는 걸 알았기 때문이고, 이런 생각이 들 때면 불안과 두려움에 떨어야만 했다. 그는 긴 시간동안 아주 자연스럽고 습관적으로 가족들의 지시대로 움직였고 성인이 되어서도 어린 아이처럼 행동하고 있었다. 신기한 것은 그가 가족 외의 친구나 다른 사람에게는 그들의 요구를 무조건 다 받아주는 그저 착한 사람이었다는 것이다. 이 또한 결국 불안정한 애착이 만들어낸 태도이다.

　　나의 연인이 의존형이라면 당신이 이제 그 또는 그녀를 붙잡아줘야 할지도 모른다. 타인에게 헌신하는 것이 편한 사람이라면 전문적으로 나눔과 봉사를 실천하는 직업을 찾을 수 있도록 돕는 것도 좋을 것이다. 그냥 베푸는 것과 직업적으로 나누는 것은 엄연히 다르기 때문이다. 타인을 돕는 것에서 오는 성취는 자기실현의 가치감을 높여줄 것이다. 자기존중을 할 줄 아는 사람은 자신의 생각과 감정에도 솔직해질 수 있다. 타인에게 맞춰진 시선을 자기에게로 돌리는 훈련인 것이다. 또한 상대가 느끼는 감정을 아낌없이 읽어주길 바란다. 서운함, 불편함, 짜증과 같은 부정적인 감정까지 편하게 표현해도 관계가 깨지지 않는다는 것에서 불안한 감정을 공감 받게 되면 점차 생각과 판단에 있어서 타인이 아닌 자신이 주체가 될 것이다. 그렇게 회복된 자신감은 의존성향을 감소시킬 것이며 비로소 연인을 바라볼 수 있는 여유를 만들어 줄 것이다.

사랑의 관계에서 갈등은 피할 수 없는 자연적인 것일 것이다. 하지만 이 갈등과 마찰 또한 우리는 사랑이라는 이름으로 극복해야 할지도 모른다. 사랑하기에 더 가까이 곁에 두고 오래도록 지켜봐주는 것이 답이 될 것이다.

'곁'이라는 단어는 따뜻함, 편안함, 행복한 기분을 느끼게 해 주지만 한편으로는 두려움, 막막함, 긴장, 불안, 화를 느끼게 하기도 한다. 멀리 있지 않고 곁에 있어서 아픈 것이고, 동시에 곁에 있어서 좋은 것이다. 오래도록 지켜보고 싶은 곁은 자연스럽게 만들어진다기보다는 인내하며 지켜주었을 때 이루어지는 것일지도 모르겠다. 고통을 인내하는 것이 답인 것처럼.

우리 사랑에
확신이 필요할 때

어느 날 연애를 시작한지 얼마 안 된 지인의 SNS 상태 표시에 이런 글이 쓰여 있었다.

'시간을 내서 내게 오는 사람과 시간이 나서 내게 오는 사람을 구분하자.'

나는 단박에 지인이 애인에게 무엇인가 섭섭한 감정이 생겼다는 것을 직감할 수 있었다. 그리고 그 섭섭한 감정을 아직 솔직하게 표현하지 않았고 그저 상대가 자신의 메시지 상태를 보고 나처럼 자신의 기분을 알아차려주길 기대하고 있다는 점도 동시에 알 수 있었다.

연애 초기나 중기에 생기는 갈등의 대부분은 아마 이처럼 믿음과 의심을 오가는 사랑에 대한 확인일 것이다. 마치 어린 시절 아카시아 잎을 하나씩 떼어내며 '좋아한다', '좋아하지 않는다'를 점치며 놀았던 것처럼 상대가 취하는 수많은 행동 하나하나에 일일이 사랑을 대입하고 있는 것이다.

그렇다면 우리는 언제 점을 보는가? 불안, 무기력, 분노, 우울함, 적대감, 두려움, 걱정 등 마음에 '우환(憂患)'이 있을 때 점을 본다. 일찍이 동양철학에서는 이 우환의 심리에 대해 중요하게 다뤘다고 한다. 우환은 원시종교의 동기가 되는 공포나 절망과는 다르게 인생에서의 '길흉성패(吉凶成敗)'에 대한 심사숙고로부터 시작되었다는 것이다. 즉, 스스로 문제를 해결하려고 하나 아직은 해결하지 못했을 때의 심리상태가 바로 우환인 것이다. 이는 자신에게 펼쳐진 상황에 대해 책임감을 자각하고 인식했음을 보여주는 것이기도 하다. 그러니 연애에 있어서 상대의 행동 하나하나에 사랑을 대입해 점을 치고 있는 마음속에는 자신이 선택한 사랑에 대한 책임감이 깃들어 있다고 볼 수도 있다.

자녀의 학교 문제로 고민하는 부부가 있다. 결혼 전 두 사람은 아이를 낳게 되면 몸과 마음이 튼튼한 아이로 기르자고 약속했다. 하지만 막상 아이의 초등학교 입학이 가까워지자 두 사람의 생각은 많은 부분에서 차이를 보였다. 아내는 조금 더 학군이 좋은 곳으로 이사를 하고 싶어 하고 미리 영어유치원 정도는 보내야 한다는 생각을 한다. 하지만 남편은 아직은 어리니 자연 속에서 자유롭게 뛰어놀도록 하고 싶고 학원은 초등학교에 입학한 후에나 필요할 경우 선별해서 보내고 싶어 한다. 두 사람의 의견은 좀처럼 좁혀지질 않는다. 하지만 결국 문제의 밑바닥은 아이가 잘 성장하길 원하는 부모의 마음인 것이다. 사실 연인과 부부관계에서 발생하는 많은 다툼들의 원인을 면밀히 들여다보면 결국 뿌리가 같다. 두 사람이 같은 것을 고민하지만 단지 그것을 충족시키기 위한 수단이 다른 것이다.

일반적으로 비즈니스 관계에서의 협상과 설득은 서로가 복잡한 이해관계로 얽혀있다 보니 간단히 해결하기가 어렵다. 하지만 연인 관계에서 발생하는 다툼은 득과 실을 떠나 합의할 수 있기에 서로가 원하는 욕구나 기대치를 정확하게 안다면 의외로 간단하게 풀릴 수도 있다.

앞의 부부는 아이를 대안학교에 입학시키는 것으로 합의를 봤다. 남편이 원하는 자연 친화적 환경과 더불어 방과 후 실시하는 특별 활동 프로그램이 일반 학원을 보내는 것보다 괜찮다는 판단을 했기에 아내도 흡족해 했다. 인간관계에서 발생하는 문제들을 현명하게 처리하고 관계를 오래도록 지속시키기 위해서 우리는 적절한 협상과 설득 스킬을 익힐 필요가 있다.

그것의 원칙은 상대의 생각은 어떤지를 묻는 대화이다.

'당신 생각은 어떤가요?', '반대하는 이유는 뭔가요?' 라고 묻는 열린 질문 스킬을 발휘하는 것이다.

열린 질문은 상대에게 생각할 시간과 탐색의 주도권을 주는 것이다. 자연스럽게 고충과 욕구, 기대도 함께 파악할 수 있게 된다. 하지만 반대로 '이게 맞아? 틀려?', '공부는 시키고 싶지 않은 거지?' 식으로 이미 정해놓은 답 안에서 대답을 유도하는 형태의 닫힌 질문은 상대로 하여금 이해받지 못하고 있다는 느낌을 갖게 한다. 문제에 대한 의견 대립은 더욱 커져만 갈 것이다.

적절한 질문을 통해 상대방이 충분히 자신의 의견을 말할 수 있도록 돕는다면 그는 자연스럽게 마음을 열게 될 것이다. 그리고 반대의 의견에도 동일하게 귀 기울여줄 것이다. 서로가 존중받고 있다는 만족스러운 정서가 만들어지면 두 사람 모두 자신의 의견만을 앞세우는 고집은 내려놓을 수 있게 된다. 서로가 가지고 있는 가장 깊숙한 내면의 심리인 '책임감'을 보여주고, 볼 수 있으면 되는 것이다.

혹시 그거 아는가? 우리가 처음 걱정했던 상대방의 사랑에 대한 의심은 생각보다 간단하게 해결할 수 있다는 것. 의구심이 생기고 확신이 서지 않을 때 가장 먼저 인정하고 확인해야 할 것은 상대의 마음이 아니라 상대를 향한 나의 마음이다.

사랑을 주고받음에 있어 더 크고 작음에 계산을 하고 있다면 나는 상대의 사랑을 끝까지 확신할 수 없을 것이다. 그러나 내 사랑의 크기를 상대에 견주어 계산하는 것을 멈출 수만 있다면 상대의 사랑에도 확신이 서게 될 것이다.

감정조절
능력

감성 지능에서 의미하는 〈감정조절 능력〉은 충동성, 공격성 등의 자기 감정 통제 능력과 다른 사람의 기분을 바꾸어주는 타인 감정 관리 능력을 말하며, 이 또한 감정 인식이 기초가 되어야만 가능하다. 일반적으로 정서의 충동성이 강한 사람일수록 자신이 느끼는 감정을 쉽게 드러내기도 한다. 사실 '화'라는 감정을 느끼는 것 자체가 나쁜 건 아니다. 다만 그 화를 표현할 때 주변 사람들에게 좋은 방향으로 영향을 미치게 할 필요는 있다.

화가 나면 비난하며 쏘아붙이다가 상대가 수긍하는 모습이 보이지 않으면 물건을 집어 던지거나 큰 소리로 윽박지르고 간혹 폭력까지 행사하는 사람들이 있다. 연애 중에 조금만 기분이 상해도 잘 이야기해서 풀어보거나 타협하기보다는 "우리 헤어져!" 라며 극단적인 말부터 꺼내는 사람들도 이에 해당한다고 볼 수 있을 것이다. 이처럼 화가 나면 즉시 폭발하는 것은 감성지능의 감정조절에 매우 미숙한 사람에게서 나타나는 태도이다. 그렇다고 화를 일방적으로 참는 것 또한 미숙한 태도라 할 수 있다. 성숙한 태도란 무조건 지르거나 참는 것이 아니라 감정을 잘 표현하는 것이다. 격하게 올라간 감정 수위를 낮추고 차분하게 자신의 감정을 표현하거나 다른 성질의 감정으로 바꾸는 능력이 필요한 것이다. 이러한 감정조절 능력은 자신의 기분을 달래는 능력만 있는 것이 아니라 타인의 기분도 살피고 유쾌하게 전환해줄 수 있는 타인 감정조절 능력도 있다.

가슴이 답답해오고 상대방의 말을 들으며 지속적으로 한숨을 내쉬거나 인상을 찌푸리는 등의 몸짓이 느껴진다면 잠시 멈추는 것이다. 나와 상대방이 평소 감정을 차분히 하기 위해 선택하는 방법에는 어떤 것들이 있는지 파악해 놓는다면 상황을 전환시키는데 도움을 받을 수 있을 것이다. 기분이 좋아지는 장소, 물건, 음식, 이야기, 유머, 노래 등등 다양할 것이다.

나는 연애 시절 초콜릿을 먹으면 기분이 조금 나아지곤 했는데, 어느 날은 회사 일로 기분이 가라앉은 나를 본 남자친구가 곧장 편의점으로 달려가 초콜릿을 사 오는 모습을 보고 한참동안 웃었던 적이 있다.

감성지능에 있어서 감정조절의 목적은 감성의 억압이나 폭발이 아닌 균형인 것이다.

: CHAPTER 04 :

영원할 거라고
믿고 싶었지만,
이   별

슬픔

귀에 들려오는 세상의 모든 노래가 내 이야기인 것만 같다.

당장이라도 핸드폰의 통화 버튼만 누르면 다시 연인이 될 수도 있는 사람이다. 그래서 헤어지자마자 가장 먼저 한 행동이 핸드폰에 저장되어 있는 그의 번호를 삭제하는 일이었다. 그런데 웬일인지 다른 번호들은 노력해도 잘 외워지지 않더니 그의 전화번호는 언제부터 나의 뇌리에 박힌 것인지 아무리 지우려고 애써도 지워지질 않고 오히려 생생하게 기억된다. 한동안 번호를 눌렀다 지우기를 반복하고 나서야 핸드폰을 별 감정 없이 볼 수 있게 되었다.

벌써 이별한 사이임에도 불구하고 그가 평소와 똑같이 나를 궁금해 하지 않음에 대해 "어떻게 이럴 수가 있어?" 하고 속으로 괘씸죄를 묻기도 했다. 그러다가 문득 구차한 행동을 하고 있는 나를 발견하고 스스로가 한심하다는 생각이 들었다. 아니, 불쌍하고 가여웠다.

하루 매 시간을 바쁘게 보내지 않으면 그 사람이 자꾸만 눈앞에 나타나서 나를 귀찮게 했기에 빈틈없이 빼곡하게, 그야말로 알차게 약속을 잡아야만 했다.

어제는 "그래, 잘 헤어졌어. 계속 만나봐야 나만 아프지. 나쁜 놈."이라며 독한 말을 내뱉었는데, 오늘은 "그 사람이 보고 싶어 미치겠어." 라며 잠든 친구를 깨우고 전화기가 뜨거워질 때까지 울기도 했다.

혼잣말이 점점 늘었고 '그 사람도 나처럼 아프고 내가 보고 싶을까?', '나를 정말 사랑하기는 했을까?'하며 스스로를 괴롭혔다. 사랑의 부질없음에 슬프면서도 그렇게 조금씩 이별에 익숙해지는 내 심장이 신기하기만 했다.

함께 들었던 음악, 함께 봤던 영화, 함께 먹었던 음식, 함께 걸었던 길까지 '함께'라는 부사를 붙여야만 이야기할 수 있었던 것들이 어느새 '내가' 라는 명사만으로 이야기가 되는 그 시점이 되어서야 비로소 그와의 이별을 인정할 수 있었다.

그리고 그렇게 열병을 앓듯이 하루, 일주일, 한 달, 일 년, 이 년이 훌쩍 지나고 나자 나는 새로운 사랑을 온전히 시작할 수 있게 되었다.

섣불리 짐작하고
이별을 각오하는 사람에게

사랑은 영원한 것일까?

사랑은 변하는 것일까?

사랑을 하는 방식과 경험은 모두 다르다. 어떤 사람은 무조건 주는 사랑을 하고 반대로 받기만 하는 사랑을 기대하는 사람도 있다. 또 받는 만큼 주는 사랑도 있는가 하면, 나중에 헤어진 후 받게 될 상처가 두려워 상처받지 않을 만큼만 사랑하기도 하며, 반대로 상처 받을 것을 무릅쓰고 목숨 바쳐 사랑하는 사람도 있다. 당신은 어떤 사랑을 했었고, 어떤 사랑을 하는 중이며, 또 어떤 사랑을 꿈꾸고 있는가?

처음 사랑을 시작하는 사람에게 사랑은 영원한 것이다. 하늘의 별도 달도 모두 따다줄 수 있는 것이 사랑이며 어떤 험난한 고난이 닥쳐와도 이겨낼 수 있는 것이 사랑인 것이다. 하지만 몇 번의 헤어짐을 경험한 사람에겐 사랑은 변할 수도 있는 것이며 언젠가는 끝날 수도 있는 것이 사랑인 것이다. 내가 과거에 경험한 사랑들이 지금 나의 사랑 방식으로 굳어지기도 한다. 그래서 사랑은 '경험'의 이야기라 해야 맞을 것이다.

　흔히 사랑의 질은 시간의 흐름에 따라 변한다고 한다. 나는 이것을 앞서 열정과 친밀감, 헌신이라는 사랑의 삼각형에서 설명한 바 있다. 초기의 사랑은 열정이, 중기는 친밀감이, 그리고 결혼 후 사랑은 헌신과 책임감이 그 질을 대변한다고 할 수 있을 것이다. 특히 초기 열정적인 사랑의 유효기간은 3년 내지 4년이라고도 한다. 이것을 국내 한 대학의 연구팀은 사랑에 빠진 남녀에게는 따뜻하고 포근한 행복감을 느끼게 하는 뇌 각성제 성분인 페닐에틸아민의 분비가 일정기간 촉진되었다가 시간이 지남에 따라 다시 감소된다는 점을 들어 설명하기도 했다.

　하지만 나는 이러한 호르몬의 변화는 충분히 스스로의 내재적 의지로 억제시킬 수도, 촉진시킬 수도 있는 부분이기에 단순히 사랑의 질에 생물학적 요인만이 존재하는 것이 아니라 사랑의 경험 혹은 애착유형이 중요한 변인으로 작용할 수 있다고 생각한다.

　J는 어쩔 수 없이 이별을 선택했다고 했다. 종교적인 차이가 이유라고 했다. 보다 정확히 말하자면 자신의 부모님이 섬기는 종교와 그녀가 섬기는 종교가 달랐다는 것이다. 어느 선에 도달하면 끝이 날 수밖에 없는 관계라는 생각을 연애 초부터 줄곧 했지만 현실을 부정하며 관계를 유지했다고 한다. 어느 날 두

사람 사이에 사소한 말다툼이 있었고 그 순간 자신의 내면에서 '어차피 안 되는 사이였어.'라는 포기 의지가 불쑥 튀어 올라오더라는 것이다.

연인에게 있어 종교의 다름은 반드시 이별의 결말을 예고하는 것일까? 물론 이 둘이 결혼까지 가게 된다면 가족 간에 예상치 못한 대립이 생길 수는 있을 것이다. 종교라는 것은 설득이나 회유, 일방적인 희생이나 포기가 어려운 문제이기에 갈등의 골이 깊어질 수 있는 문제인 것은 맞다. 하지만 나는 주변에서 종교가 다름에도 좋은 관계를 유지하고 애정에 문제없이 잘 살아가는 커플도 여럿 보았다.

J가 경험한 그의 부모님은 종교에 있어서만큼은 양보나 타협의 기미가 전혀 보이지 않는 분들일 가능성이 높다. 그래서 그는 부모님과 대적할 용기도 없고 그런 상황에 처한 자신의 모습을 상상하는 것만으로도 두려웠을 것이다. 비겁하지만 부딪혀보기도 전에 사소한 다툼을 핑계로 불을 보듯 뻔한 싸움이 될 것 같은 이 연애에서 발을 뺀 것일지도 모른다. 이별의 원인은 다르지만 자신의 경험에 빗대어 이별을 미리 예고하는 사람들이 있다. 이런 사람들의 공통점은 자신이 가지고 있는 조건에서 부족함을 찾고 또 안 되는 이유들을 포기하지도 않고 잘도 찾아낸다는 것이다.

'나는 가정형편도 안 좋고 직업도 별로야. 전에도 이런 경제적인 문제는 극복이 안 됐어.'

'내가 상처가 많은 사람이라는 것을 알면 지레 겁먹고 나를 멀리할 거야.'

'이혼한 사람이 다시 좋은 사람을 만나는 것은 말이 안 돼.'

'결국엔 내가 대학도 나오지 못한 것이 문제가 될 거야.'

172

'취미가 다른 사람이랑은 소통이 안 됐지.'

물론 이 관계를 유지했다면 훨씬 행복했을 것이라고 어느 부분에서도 장담할 수는 없다. 하지만 적어도 자신의 비겁한 선택으로 상처를 받았을 상대에 대한 미안한 감정 때문에 오래도록 힘들어 하는 일은 없었을지도 모른다. 우리 중누구도 연애의 결과가 해피엔딩이 될지 새드엔딩이 될지는 예측하기 어렵다. 그럼에도 사랑이라는 이름으로 연애에 책임을 다하고 싶다면 겁쟁이가 되지않기 위해 한 번쯤은 자신의 내면규칙을 어기는 반칙을 해 보길 바란다.

그리고 반칙에 용기를 낼 수 있도록 비관적 사고를 낙관적으로 변화시키는이미지 트레이닝(Image training;심상훈련)의 도움을 받아보는 것도 권하고 싶다.

"나는 연습할 때도 매우 정확하고 집중된 상태로 상상하기 전에는 공을 치지않습니다. 그것은 마치 생생한 영화와도 같습니다. 먼저 공이 도착할 곳을 바라봅니다. 그 다음에는 공이 포물선을 그리며 날아가는 모습, 땅에 떨어지는 모습을 상상합니다. 할리우드 영화 못지않은 그 상상이 끝나고 나서야 나는 공으로다가갑니다."

20세기 골프 황제라 불리는 잭 니콜라스의 말이다. 그는 자신의 성공의 50%가 심상훈련 덕분이라고 했다. 이미지 트레이닝으로 잘 알려진 심상훈련은 신체의 모든 감각을 동원하여 상상의 세계에 과거의 경험을 떠올리거나 과거의경험을 바탕으로 새로운 체험을 창조하여 뇌에 원하는 모습을 그리는 것이다. 스포츠 선수들 사이에서는 꽤 유명한 훈련 방법이기도 하다. 물론 목적이 다를수는 있지만 나는 이러한 심상훈련과 같은 마음 챙김 명상을 반복적으로 하는 것 또한 내면의 긍정성을 높이는 좋은 방법이라고 생각한다.

사랑을 본격적으로 시작하기도 전에 미리 겁을 먹고 이별을 준비하는 당신이라면 꿈에 그리던 이상형의 상대마저도 놓칠 수 있기 때문이다.

사랑에 비겁해지지 않기 위해 우리는 건강한 내면의 힘을 키울 필요가 있다.

사랑을 잃은 것이 아니라
경험했던 것이다

　　보통 많이 사랑했던 연인과 헤어지고 나면 그 사람은 나의 이상형과 가장 닮은꼴이었고 어느 누구도 옛 연인을 대신할 수 없을 것이라고 말한다.

　　사람들에겐 누구나 자신이 좋아하는 이상형이 있다. 내가 큰 키, 슈트가 잘 어울리는 체형, 외꺼풀, 동안의 얼굴, 가늘고 긴 손가락, 클래식을 즐겨 듣고 책 읽기를 좋아하는 등 나름의 기준을 가지고 있는 것처럼 말이다. 물론 미리 정해놓은 모든 조건이 맞는다면 좋겠지만 우리는 가끔 스스로가 정한 이상형의 기준을 두고 타협을 하기도 한다. 어느 한 가지에 강렬한 끌림이 있으면 이상형이 어느 순간 바뀌기도 하고, 이상형의 기준에 100퍼센트 일치하지 않더라도 이 중 한 가지만이라도 정확히 일치할 경우 오랫동안 찾았던 이상형이라고 순간적으로 판단해 버리기도 한다. 첫 눈에 반한다는 것은 상대가 순간적으로 운명의 주인공으로 강하게 인식되는 것을 의미한다. 사실 첫 눈에 반한다는 것은 기적적인 것이지만 의외로 우리 주변에 이런 사람들이 많다.

미국의 어느 대학의 연구 결과 첫눈에 반한 남녀가 결혼에 성공할 확률은 무려 70%나 된다고 한다. 또한 보통의 연애 결혼을 한 부부가 이혼할 확률은 50% 정도이지만 첫눈에 반해 결혼한 부부의 경우 이혼율도 10~20% 정도로 낮다고 한다. 결국 첫눈에 반한 경우가 연애와 결혼에 성공할 확률이 모두 높다는 것이다. 보통의 연애 결혼을 한 나로서는 이 결과가 딱히 마음에 들지 않지만 한편으로는 그럴 수도 있겠다 싶다. 왜냐하면 우리는 본능적으로 내가 선택한 것이 어느 면에서나 우수하기를 바라기 때문이다.

내가 사는 동네는 작은 외곽이다. 나와 친한 지인들은 ○○동 홍보대사 아니냐며 가끔 나를 놀리기도 한다. 사실 나는 그 놀림이 싫지 않고 내가 자초한 일이라는 것을 인정하는 편이다. 도심과는 거리가 있는 외곽의 작은 동네지만 편리한 교통, 복잡하지 않은 주거 환경 등의 장점을 지인들에게 곧잘 소개한다. 바로 내가 살고 있는 곳, 소유하고 있는 것의 가치를 스스로 높게 평가하고자 하는 '소유효과' 때문이다. 사람은 어떤 것을 자신의 것으로 만들고 나면 소유효과 심리에 의해 그것에 대한 애착이나 가치를 더욱 높이려 한다. 이러한 소유효과 심리는 첫눈에 반해 시작한 나의 연인과 점점 더 강한 애착으로 진심을 나누게 할 것이며, 이것은 분명 성공적인 연애를 돕는 요인이 됨과 동시에 이별을 받아들이는 것이 어려운 이유가 되기도 한다.

도박에 빠져있는 남자가 있다. 돈이 다 떨어지자 몰래 어머니가 소중히 여기는 귀중품을 팔아 판돈을 만들었다. 하지만 결국 한 푼도 얻지 못하고 모든 돈을 날린다. 자신이 무슨 짓을 한 것인지 그때서야 깨달은 남자는 자신의 행동을 뼈저리게 후회하며 이 사실을 어머니에게 알리고, 두 번 다시 도박에 손을 대지 않겠다고 맹세한다. 이때 당신이 어머니라면 어떤 심정이겠는가? 아들의 잘못된 선택으로 잃게 된 귀중품과 그것의 가치에 신경을 쓴다면 아들의 행동을 도저히 용서할 수 없고 내 손에서 떠난 귀중품이 자꾸 생각나서 한숨도 자지 못할 것이다. 내가 소유했던 것을 잃었다고 생각하면 속이 쓰리고 허탈하며 잃게 만든 상대에게 화가 나기도 하는 것이다. 그런데 잃어버린 귀중품 값으로 철없는 아들의 행동을 고치게 되어 기꺼이 투자할만한 가치가 있는 경험이라고 받아들인다면 이야기는 달라질 수 있다. 소유의 관점에서 보면 견디기 힘든 고통이지만 경험의 관점에서 보면 어느 정도 수용이 가능해질 수도 있다는 것이다. 우리는 보통 사랑을 경험하는 것이지 소유한다고 말하지 않는다. 이별을 담담하게 받아들일 수 있으려면 내가 경험한 사랑에 소유의 논리를 갖다 붙이지 말아야 한다. 소유했던 것을 잃게 되면 상실감이 찾아오지만 경험했던 것은 기억으로 추억할 수 있기에 잃은 것은 아닌 것이다. 더러는 그 기억이 새로운 방식을 만들거나 좀 더 유연한 대처를 허락하기도 할 것이다. 다만, 지독했던 사랑과 이별의 경험은 아픈 상처가 되어 새로운 사랑에 저항을 만들어 내기도 한다는 것이 연애의 맹점이다.

　모든 연애의 경험은 현재 선택의 기준이 되어있다.

177

이별할 때가 됐다고 느낄 때
돌아봐야 할 것들

첫 사랑에는 실패했지만 다시금 시작되는 사랑은 끝사랑이

길 바란다. 그런 사랑에 이별의 징후가 강하게 느껴질 때가 있다.

A_ 뭐하고 있었어?

B_ 그냥.

A_ 밥은 먹었어?

B_ 응.

A_ 이제부터 뭐해?

B_ 일해야지.

우선 더 이상 질문할 것이 없어지고 길게 대답할 이야깃거리가 사라진다. 아

침, 점심, 저녁 스케줄에 따라 등록되어 있는 알람마냥 감정은 배제된 채 용건만 남게 되는 순간, 두 사람이 주고받던 '말'은 놀라울 정도로 줄어들게 된다. 또는 상대방의 모든 제안에 "피곤해." 라는 대답만을 반복하고 있을 수도 있다.

두 번째, 궁금하지가 않다. 하루에도 몇 번씩 확인했던 상대방의 SNS가 전혀 궁금하지 않은 것이다. 상대방의 문자에 답을 하는 시간이 늦어지며, 반대로 상대방의 늦은 답장에도 초조하거나 화가 나지 않는다.

마지막 결정적인 것은 상상을 멈추게 되는 것이다. 길을 가다 예쁜 카페를 발견하면 자연스럽게 떠올렸던 연인이 더 이상 떠오르지 않는다. 내가 하는 수많은 상상마다 항상 나의 옆자리를 차지하며 출연했던 상대방이 어느 날부터 출연하지 않는 것이다. 기분 좋은 상상들로 설렘 주의보를 만들어냈던 '밸런타인 데이, 화이트 데이, 크리스마스' 같은 연인들의 날이 그냥 공휴일, 마치 '석가탄신일'처럼 느껴진다. 혼자가 편해진 것이다.

그러나 우리가 느끼는 이런 이별의 징후들에 가끔 오차가 생기기도 한다. 그것은 이별의 징후에 감정이 작용되고 있는 경우에 발생한다. 올봄, 친한 동생이 너무 좋아서 하루 종일 반복해서 듣는 노래라며 장범준의 '그녀가 곁에 없다면'이라는 노래를 알려줬다. 노래는 '설렘이 없는 사랑은 더 이상 사랑이 아닌가'라는 질문으로 시작했다. 그러다가 비록 설렘이 없더라도 상대방이 떠나고 내 곁에 아무도 남아있지 않는 상상을 하게 되면 코끝이 찡해지는 것처럼 오래된 연인이나 가족이 된 부부일지라도 설렘 못지않은 사랑이 존재한다는 것이다.

나는 '정말 그럴까?' 라는 호기심에 노래 가사대로 상상해 보았다. 만약 어느 날 갑자기 남편이 내 곁을 떠난다면 나는 어떨까? 상상 끝에 머문 나의 생각의 끝은 어처구니없게도 당시 딸아이의 성화로 이제 막 키우기 시작한 햄스터였다. '남편이 없으면 햄스터 집 청소는 누가하지?'를 아쉬워하는 나의 생각에 헛웃음이 나왔고 노래대로라면 우리 부부는 이제 서로 사랑하지 않는다는 증거인가 싶은 마음에 조금은 씁쓸함이 느껴졌다. 그 후 나는 같은 질문을 한 번 더 했고 이번에는 마음에서 '끔찍하다'를 느꼈다. 갑자기 나는 사랑하지 않던 남편을 사랑하게 된 것일까? 뭐 겉으로 드러나는 결론을 놓고 본다면 그 말이 그다지 틀린 말은 아닌 것 같다. 사실 햄스터 집 청소에 대한 아쉬움을 떠올렸던 때는 남편과 사소한 말다툼이 있었던 때이고, 끔찍한 감정이 떠올랐던 때는 부부 사이에 아무런 갈등도 없었던 평범한 날이었던 것이다.

그뿐 아니다. 수면에서 찰랑거리던 감정은 평화로웠던 아침 식사시간을 망치기도 했다. 전날 받은 자동차 범칙금 고지서(차선 끼어들기)를 두고 이런 저런 이야기를 하다 남편은 경찰서로 전화를 해서 이유를 이야기해보라는 말을 했고, 그에 대해 "나는 그렇게 독하지 못해. 무서워서 그런 말 못하는데..." 라는 장난식의 말을 했다. 이에 남편은 마주보며 밥을 먹고 있던 아이를 바라보며 "아닌데. ○○아, 엄마는 독한데, 그치?" 라고 말했다. 아이는 "응, 맞아. 엄마는 독해." 라고 웃으며 대답했다. 아마도 두 사람의 대화에 악의는 없었을 것이다. 하지만 나에겐 그 "독해." 라는 말이 비수처럼 꽂히고 말았다. 순간 휴일 아침의 평화는 산산이 깨지고 말았다. 남편은 오해라며 사과를 했고 마무리가 되었지만, 워킹맘으로 하루하루 힘든 일상을 인내하며 견뎌내고 있었던 나는 '아, 그동안 내가 열심히 살았던 것이 이 사람에게는 독한 여자로 보였구나.', '힘든 내색 하지 않으며 이겨낸 결과가 결국 이거야?' 라는 생각에까지 다다른 것이다.

잠깐이지만 왜곡된 나의 생각을 떨쳐버리는 것이 쉽지만은 않았다. 남편이 오해라며 미안하다고 사과도 하고 아이에게 설명까지 했는데도 나는 왜 보통 때보다 화가 쉽게 누그러지질 않을까에 대해 곰곰이 생각했다. 그 당시 나는 워 킹맘으로서 내가 지금 균형 있는 삶을 잘 살고 있는 것인가에 대해 많은 고민을 하고 있었다. 물론 그런 내 생각과 불안한 마음에 대해 사건이 일어나기 며칠 전 남편과 진지하게 이야기도 했던 터였다. 아마도 그렇게 얼마간 이어졌던 나 의 감정선이 그날 아침에 평소와는 다른 예민하고 강한 반응을 만들어 냈음을 알아차릴 수 있었다.

상대방의 행동을 해석하는 것은 나의 지각이며 이 지각의 일부분에 그날 나 의 감정이 포함된다는 것이다. 이별할 일도 아니었는데 이별했다며 떠나보낸 연인을 그리워하고 있다면 이별을 통보한 그날 유별나게 느꼈던 나의 감정 탓 일 수도 있다는 것이다. 상대와의 끝을 떠올리는 나에게 물어보길 바란다. 그 사람의 행동 속 사실을 보고 있는 것인지, 내 감정의 안경 너머 생각을 토대로 상대를 보고 있는 것인지.

현재 느끼는 감정과 이러한 감정에 대한 감정을 다시금 체크해보는 것은 전 의식에 속한다. 겉으로 보이는 의식의 빙산도, 물아래 깊이 숨어있는 무의식의 빙산도 아닌 조금만 들여다보면 알아차릴 수 있는 수면의 깊이에 있는 전의식 의 모습인 것이다. 결국 이별을 준비하기 전 내 감정을 면밀히 살피고 검토하는 감정 인식의 과정은 현재 느끼는 감정과 그 감정에 대한 감정까지도 이름 지을 수 있는 단계를 말하는 것이다.

그때도 당신의 감정은 '이별'을 선택하고 있는지 스스로에게 물어보자.

놓지 못하는 나,
진짜 헤어져야 할 때

많은 연인들은 두 사람 사이의 균열이 느껴지더라도 헤어짐보다는 문제를 해결하고 관계를 지속할 수 있는 방법을 먼저 찾게 된다. 그럼에도 불구하고 미국의 심리학자 존 가트맨(John Gottman)은 연인 간에 회복이 불가능한 지경에 이르렀다는 것을 알 수 있는 신호가 있다고 했다.

첫 번째는 관계에 문제가 심각하다는 생각이 드는 것이다. 이것은 스스로 알아차리는 것이기에 앞서 설명했던 감정 인식을 통해 알 수 있다. 두 번째는 문제를 상대방과 공유하고 함께 해결하기보다는 스스로 해결하려고 한다는 것이다. 이것은 더 이상 상대를 신뢰하지 않는 것을 의미한다고 볼 수 있다. 세 번째는 서로에게 관심을 두기보다는 각자의 생활을 하기 시작했다는 것이다. 네 번째는 그 가운데에 외로움을 느낀다는 것이다. 함께 하면 외로움을 벗어날 수 있는 사람이 있음에도 불구하고 혼자서 많은 것들을 처리하며 외로움을 느끼기 시작했다는 것은 상호의존의 관계에서 벗어났다고 볼 수 있다. 이러한 것들이 연애의 끝을 알리는 신호라는 것이다. 아마도 오래된 연인에게서 나타날 수 있는 신호이기도 할 것이다. 감정으로 이야기한다면 '지루함, 피곤함, 재미없음, 따분함, 기운 없는, 게으름'과 같은 권태의 감정을 닮았다고 할 수 있다.

이별을 예견할 수 있는 이러한 신호들은 우리에게 보다 지혜로운 이별을 준비할 수 있는 시간을 만들어 준다. 그래서 당신이 되도록 이러한 신호를 알아차릴 수 있기를 바란다.

이러한 권태의 감정들은 혼자서만 느끼기보다는 쌍방 간에 동시에 느낄 수 있는 감정들이다. 그렇기 때문에 받아들이지 못하는 다른 한쪽을 위해 애써 설명을 하거나 설득을 하고 그 과정에서 비난하며 상처를 주는 나쁜 이별의 방법을 택하지 않아도 되기에, 가장 바람직하게 이별의 과정에 진입할 수 있는 어찌 보면 연애에 있어서 꽤 고마운 단계라고 생각한다. 다만 내가 이 시기를 극복하고 싶은 마음이 여전히 남아 있는지에 대해서는 충분히 자신의 마음에 집중할 수 있어야 할 것이다. 그것은 위에서 존 가트맨이 말한 이별의 신호처럼 내가 상대방에게 얼마나 안정된 애착을 느끼고 있는가를 스스로에게 물어보며 마지막으로 나와 상대방의 관계를 점검할 수 있어야 한다.

상대방은 나에게 충분한 안식처인지, 그 사람과 함께 있을 때 긴장하지 않고 편안한 감정의 흐름을 느끼고 있는지를 살펴야 한다. 내가 그 사람이 취하는 사랑과 문제 해결의 방식을 믿고 있는지, 서로의 관심 분야나 목표에 대해 지지하고 충분한 도움을 주고 있는지도 중요한 요소이다. 비록 열정은 식었지만 그 사람이 나의 말에 공감해주고 반응하는지와, 내가 겪고 있는 문제에 대해 충분히 고민을 털어 놓을 수 있는 사람인지에 대해 묻고 답해보도록 한다. 만약 '그렇다.'라면 나는 권태를 극복할 수 있는 방법들을 동원해 관계를 회복하는 것에 집중하면 된다. 하지만 '그렇지 않다.'의 답이 나온다면 나는 담담히 이별을 준비하는 쪽을 택해야 할 것이다.

'Out of sight, out of mind(눈에서 멀어지면 마음에서도 멀어진다.)' 라는 영어 속담이 있다. 마찬가지로 잦았던 연락이 뜸해지는 것을 이별의 징조라고 이야기하는 사람도 있다. 물론 그럴 수도 있다. 그것이 상대에 대한 관심과 비례하는 경우라면 말이다. 하지만 내 경우에 빗대어 말해 본다면 연락의 횟수를 이별 징조의 기준으로 확신하지 않기를 바란다. 연애 초기에 비해 우리는 그저 조금 더 편해진 것일 수도 있기 때문이다. 내 일의 진행 상황과 상관없이 상대의 기분을 고려해 연락을 취했던 것들이 이제는 상대방도 내가 바쁜 시간, 다른 것에도 집중해야 할 일이 있음을 충분히 이해해 줄 것이라는 믿음이 있기 때문에 가능한 행동일 수도 있다는 것이다. 그러니 눈으로 보이는 현상을 그저 내 입장에서 해석하는 것은 잘못된 결과를 초래할 수도 있음을 잊지 않기 바란다. 우리가 안타깝게도 실수로 이별을 선택하지 않기 위해서는 눈이 아닌 내 마음의 거리를 읽어낼 수 있어야 한다.

우리는 마음의 거리를 유지하고 싶어질 때 시야 밖에 상대가 머물도록 허락한다.

이별 역시
혼자하는 것이 아니다

사랑하는 방법을 배우지 못했기에 이별하는 방법 또한 알 수 없었다. 그저 관계를 정리하면 되는 것, 내 옆에 있던 상대방을 밀어내는 것이 이별이라고 생각한 것이다. 그 이별이 만들어낼 고통과 상처는 관심 밖의 영역이었던 것이다.

이별에는 두 종류가 있다. 두고두고 아픈 이별과 추억이 되어주는 이별. 둘 다 즐겁지 않은 감정이다. 더러는 귀찮을 만큼 강한 집착으로 나를 힘들게 했던 사랑일지라도 안타까움과 씁쓸함을 느끼게 되는 것이 '이별'인 것이다.

연인 간에 헤어져야만 하는 확실한 이유를 가지고 이별을 하는 경우가 얼마나 될까? 당신은 누군가로부터 "그 사람을 왜 사랑하나요?" 라는 질문을 받았을 때 정확하게 이유를 말할 수 있었는가? "사랑하는데 이유가 왜 필요해요."가 아마 우리 대부분의 답이었을 것이다. 그런데 이별을 할 때는 유독 이유를 말하라고 한다.

"도대체 이유가 뭐냐고? 왜 갑자기 이런 말을 하는 건데?"

글쎄 별다른 이유 없이 그냥 상대방과 함께 있는 것이 즐겁지 않고, 모든 것이 시들해지고, 혼자 있는 시간이 더 편해졌을 뿐인데도 상대는 그것만으로는 납득할 수 없는 것이다. 그래서일까? 우리는 관계를 정리하기 위한 이유들을 만들어 내기 시작한다. 그 이유가 유치할수록 상대방이 느끼는 비참함과 배신감이 커지리라는 것을 알게 된 당신은 더 아픈 바늘을 찾기 시작한다. 그럼 더 빠르고 쉽게 떼어낼 수 있다고 착각하기 때문이다.

"네 목소리만 들어도 소름이 돋아. 원래 내 타입이 아니었어."

"난 능력 없는 사람 정말 싫거든."

"넌 너 스스로 사치스럽다는 생각 안 해봤어?"

"크게 소리 내서 웃는 것도 싫고, 게걸스럽게 먹는 모습은 더 싫어."

"네가 나를 아직 잘 몰라서 그래. 아마 후회하게 될 거야."

이별을 결심한 사람에게는 모든 것이 이유가 되지만, 이별을 생각한 적이 없는 상대에게는 그 어떤 것도 이별의 이유가 되지 못한다. 그래서 이별은 아프고 고통스러운 것이다. 그렇다고 헤어져야겠다고 결심한 마음을 억지로 돌려 연민의 마음만으로 사랑을 지속하는 것도 안타깝기는 마찬가지다. 그래서 우리는 현명하게 이별하는 방법을 배워야만 하는 것인지도 모른다.

법화경에 보면 '회자정리 거자필반(會者定離去者必返)'이라는 말이 있다. 만나는 사람은 언젠가는 반드시 헤어지며, 떠난 자는 반드시 돌아온다는 뜻이다. 이 것을 나뿐만 아니라 상대방도 수용할 수 있는 시간을 만들어주길 바란다.

"최근에는 너와 함께 하는 시간들이 전처럼 즐겁지가 않아. 이것이 오로지 내 개인적인 상황으로 인해 만들어진 감정인지 아니면 우리 두 사람 관계에서 내가 느끼는 감정인지 확인할 수 있는 시간을 가졌으면 좋겠어."

나의 이런 제안을 상대방은 받아들일 수도 있고 받아들이지 않을 수도 있다. 하지만 이것마저도 편안하게 받아들이지 못하는 사람이라면 이별을 결심해도 된다고 말해주고 싶다.

나만이 아니라 상대방도 자신의 감정을 충분히 읽고 혹시 모를 이별에 대처 할 수 있는 마음의 공간을 마련해줘야 한다. 이렇게 마음을 정리하는 시간 동안 헤어지면 안 되는 이유들이 혹시 생각난다면 다시 사랑이 유지될 수도 있다. 하 지만 원래 마음먹은 대로 이별을 감행하는 쪽으로 마음이 기울었다면 어쩔 수 없는 것이다. 상대방도 그때는 어느 정도 나를 이해해 보려 애쓸 것이다. 이별 의 순간까지도 자신이 존중받았다는 느낌은 연인이 아닌 한 명의 인간으로서 나를 기억하게 할 것이다. 그리고 시간이 지난 후 이러한 이별의 방법을 택한 당신에게 고마워 할 것이다.

실제 위기의 부부가 있었다. 아내는 이혼을 원하지만 남편은 이를 강력하게 거부하고 있었다. 도저히 아내의 마음을 되돌릴 방법이 없었던 남편은 자신의 경우와 비슷한 부부를 상대로 여러 가지 미션을 수행하게 하고 그 과정에서 서로에 대한 앙금이 풀려 관계가 회복될 수 있도록 돕는 방송 프로그램에 출연을 결심한다. 함께 상담도 받고, 여행도 하고, 스포츠 댄스도 배워본다. 그렇게 점점 아내의 마음이 많이 풀렸다고 생각했지만 아내는 처음 마음먹었던 대로 결국 이혼을 택한다. 물론 결과가 달라지진 않았지만 무턱대고 이혼을 거부하기만 했던 남편은 아내를 이해할 수 있게 되었다. 또 이혼으로 인해 피해를 받게 될 아이들에 대한 죄책감과 남편에게 남은 미안함 때문에 망설였던 아내도 자신의 마음을 정확히 들여다보고 결심할 수 있었다. 그렇게 각자의 마음을 직면할 수 있어서인지 두 사람은 비교적 편안하게 이혼의 과정과 서로를 향해 내린 마음의 결과를 받아들이고 있었다.

마음의 회자정리는 강요가 아닌 수용이다.

상대의 감정을 읽어주고 '안전 이별'하기

최근에 사귀던 연인과 헤어진 지인에게 잘 정리가 된 것인지를 물었다. 그는 그것이 가능하냐는 말로 반박하며 그냥 서로 나중에 길을 가다 마주치더라도 모른 척 피하라며, 경고 아닌 경고를 하고 헤어졌다고 했다. 물론 헤어진 옛 연인과 길을 가다 마주쳤을 때 반갑게 인사를 하는 것도 이상하지만 그렇다고 원수를 대하듯 하는 것도 좋은 경우는 아닌 것 같다. 우리 사회에서 데이트폭력이나 이별폭행이라는 말을 언제부터인지 쉽게 들을 수 있게 됐다. 특히 이별 후 전 여자친구를 찾아가 염산을 뿌리고, 동네에 가서 수천 개의 나사못을 뿌려놓기도 하고, 차로 들이받는가 하면, 자살 위협에 두 사람 사이 찍었던 동영상 유포까지, 이별에 앙심을 품은 보복 범죄는 많은 사람들을 경악케 했다. 그러다 보니 웃지 못 할 신조어도 생겼다. 다름 아닌 '안전 이별'이다. 안전 이별은 일종의 선의의 거짓말이다. 큰 빚이 있다, 가족 중 한 명이 중병에 걸렸다, 이민을 간다, 유학을 길게 갈 것 같다 등이 이에 속한다.

사랑은 달콤하고 아름다운 것인데 온전히 사랑을 하기도 전에 이별을 공부하고 배워야하는 현실이 씁쓸하지 않을 수 없다. 이별은 분명 모두에게 아프다. 조금만 덜 아프게, 현명하게 이별하는 방법은 없을까? 나는 조금만 더 상대방의 감정을 읽고 배려하라고 말하고 싶다.

나는 그다지 생각이 많은 사람도, 깊은 사람도 아니었다. 눈에 보이는 것을 즐기는 쪽을 택하는 사람이었고 세상을 향한 관심이나 고민도 없었던 사람이다. 그런 나에게 "생각 좀 해라!" 라는 말을 주저 없이 하는 사람이 있었다. 고민과 생각이 많은 그 사람에게 나는 잘 보이고 싶었던 것 같다. 함께 책을 읽었고, "넌 어떻게 생각해?" 라고 묻는 그 사람에게 대답하기 위해 읽었던 책에 내 생각을 보태는 방법을 배우게 되었다. 어느 날 "앞으로 너에게 행복하고 좋은 일들이 많았으면 좋겠다." 라는 평범한 안부의 말과 함께 전해진 이별이 그래서인지 아프지 않았다. 나의 생각을 키워줘서 고마운 시간이었다고 받아들일 수 있었다.

이제 그리운 것은 그리운 대로 내 마음에 둘 거야
그대 생각이 나면 생각난 대로 내버려 두듯이
흰 눈 나리면 들판에 서성이다
옛사랑 생각에 그 길 찾아가지
광화문 거리 흰 눈에 덮여가고
하얀 눈 하늘 높이 자꾸 올라가네
- 이문세, 〈옛사랑〉 중에서-

'옛사랑'을 생각하면 어떤 기분이 느껴지는가? 노래 가사처럼 다시 찾고 싶은 길이 있는가? 남녀 간의 사랑을 통해 우리는 참 많은 것을 배우고 성숙해진다. 당신의 인생 한 페이지에 남아 있는 옛사랑에게 당신은 어떤 말을 해 주고 싶은가? 어린 날 풋사랑 같은 첫사랑도, 상처만 남긴 아픈 사랑도 할 말은 있을 것이다. 그 사랑의 끝에서 내가 느낀 감정이 적어도 미움과 증오, 원망이 아니었다면 말이다. 앞서 제시된 〈감정 분포표〉에서 보듯이 우리가 느끼는 감정도 '약 - 중 - 강'의 세기를 가지고 있다. 내가 이별의 순간 느끼는 감정이 무엇인지도 중요하지만 그 감정의 세기가 어느 수준에 머무르고 있느냐에 따라 이별로 인한 감성의 회복 정도는 달라질 수 있다. 그렇기 때문에 보다 현명한 이별의 방법으로 나와 상대방의 감정이 극으로 치닫지 않고 추스르기 편안한 정도를 유지할 수 있도록 해야 한다.

우리가 느끼는 감정은 영원한 것이 아니다. 어떤 자극을 받을 때마다 계속해서 바뀌는 것이 감정인 것이다. 이별의 순간 주고받게 되는 자극의 형태들을 조금만 살필 수 있다면 상처로 박히는 이별만은 피할 수 있을 것이다. 물론 이별의 순간마저도 서로를 신뢰하고 존경하며 맞이하기는 어렵겠지만 서로를 잡아먹지 못해 쏟아내는 비난은 피해야 한다.

대학교에 입학하고 얼마 되지 않아 학교 앞 술집에서 신입생 환영회가 있었다. 잠시 밖으로 나왔을 때 남자 동기생 한 명이 따라 나왔고 그 친구는 맥락도 없이 전부터 나를 좋아했다는 고백을 해왔다. 나는 잠깐의 망설임도 없이 쌀쌀맞게 "난 너 안 좋아하는데." 라고 말했다. 그 당시 나는 상대가 느낄 상처에는 큰 관심이 없는 낮은 감성지능의 소유자였던 것 같다. 물론 상대 남학생도 망설였던 고백을 그 타이밍에 한 것을 보면 역시 감성지능이 높은 사람은 아니었을 것이라고 추측해 본다.

비교적 연애 기간이 짧은 경우라면 이런 단호한 표현이 상대가 큰 기대를 하지 않고 물러설 수 있도록 하는 배려가 될 것이다. 하지만 꽤 긴 기간 연애를 한 사이라면 이별의 순간에 상대의 감정이 다치지 않는 표현들로 배려할 필요가 있다. 무턱대고 헤어지자는 말은 상대에게 오해의 소지를 남긴다. 무엇인가 자신이 잘못한 점이 있었기 때문이라고 생각하고 고쳐야 할 행동에 대해서 대답해 줄 것을 요구할 것이다. 또 "당신은 정말 좋은 사람이에요. 그러니 나보다 더 좋은 사람을 만날 수 있을 거예요."라는 식의 칭찬하는 말들은 무턱대고 헤어지자는 말 못지않게 상대로 하여금 당신의 마음을 돌릴만한 설득의 기회를 노리게 할 것이다.

"당신에게는 좋은 장점이 많이 있지만 나와는 맞지 않는 것 같아요. 맞춰보려 노력했지만 더 이상은 힘들 것 같아요. 이런 결정을 하기까지 많이 복잡했고 마음이 편치 않았어요." 라고 나의 감정을 구체적으로 전해보도록 하자. 이 말을 들은 상대방은 처음에는 당황스러울 것이다. 혼란스럽고, 긴장되기도 하며, 속상할 것이다. 하지만 적어도 당신이 증오스럽거나 스스로가 비참하게 느껴지는 높은 수위의 감정은 피할 수 있을 것이다.

또한 문자 메시지, 이메일, 편지 등 이별의 순간을 글자로 전하지 않기 바란다. 아무리 좋은 말이 적혀 있더라도 그 글자는 읽는 사람의 감정을 통해서 해석되기 때문이다. 당신이 연인으로부터 문자 메시지를 통해 이별을 통보받았다면 기분이 어떨지 상상해보면 답이 될 것이다. 이것과 더불어 이별을 이야기하기에 괜찮은 장소를 선택하는 것도 감정을 움직이는 변수로 작용할 것이다. 너무 소란스럽거나 인파가 많은 곳, 또는 운전 중인 차 안보다는 차분하게 이야기할 수 있는 독립된 공간이나 공원 같은 곳이 적절하게 감정을 추스르는데 도움이 될 것이다. 이별에도 지켜야 할 예가 있는 것이다.

논어에 보면 공자의 제자 자공이 공자에게 "일생동안 행할 만한 한 마디 말이 있을까요?" 라고 묻자 공자가 이렇게 대답한다. "그것은 '서(恕)'일 것이다." 여기에서 '서'의 뜻은 자기가 원하지 않는 것을 남에게도 베풀지 않는 것, 즉 내가 받기 원하는 것을 타인에게 베풀고, 자신이 받고 싶지 않은 것은 타인에게도 주지 말라는 뜻이다.

이별은 사랑에 있어 위기이다. 인질을 놓고 대치하는 긴박한 현장에는 위기 협상 전문가가 활약한다고 한다. 이런 대치 상황에서 주의할 점은 범죄자의 감정을 자극하지 않는 것이다. 격한 감정 끝에 서있는 사람에게 나를 이해해달라거나 진정하라는 식의 대화는 오히려 그의 감정을 폭발하게 한다. 주어를 바꿔 상대의 감정을 읽어줄 수 있어야만 한다.

"많이 화가 났군요?"
"속상하고 서운하죠?"

내가 읽어주는 상대방의 감정은 그로 하여금 YES로 시작하는 반응을 이끌어내 자신의 감정을 수긍하게 도와줄 것이다. 이때 상대방 스스로 택한 YES화법은 이별을 안전하게 설득하는데 도움이 될 것이다.

상 처 받 더 라 도
더 크 게 사 랑 할 것

"가장 두려운 것은 무엇인가요?" 라는 질문에 모임의 참가자 중 한 분이 대답했다.

"다른 사람이 저를 싫어하는 것이요. 거절당하는 것이요."

사람은 누구나 거절에 대한 두려움을 가지고 있다. 그리고 연애의 감정이 가지고 있는 두 개의 축은 아마도 사랑과 두려움일 것이다. 버려지는 것과 거절당하는 것에 있어 정상적인 회복의 과정을 거치지 못한 경우라면 이 감정들의 크기는 더욱 클 것이다.

한 사람의 그림자가 이렇게 깊숙이 박혀있을 수도 있겠다는 생각을 하게 만드는 지인이 있다. 그녀는 꽤 매력적인 외모를 가졌고, 밝았으며, 자신의 일에 있어서도 프로였다. 그럼에도 불구하고 그녀는 한 남자에게 정착하지 못하고 의미 없는 짧은 만남을 반복적으로 이어가고 있다. 옆에서 바라보는 주변 사람들은 그녀가 안타깝기만 하다.

사실 그녀는 어느 날 갑자기 5년간 만남을 유지했던 남자친구로부터 이별을 통보 받았다. 아니, 좀 더 정확히 표현하자면 그 남자에게 자신이 아닌 새로운 여자가 있다는 것을 어느 날 알아차렸다. 그럼에도 그 사람을 붙잡고 싶었던 그녀는 그 사실을 모른 척했고 잠깐 한눈을 판 남자친구가 다시 제자리로 돌아와 줄 거라 믿었다고 한다. 하지만 남자친구는 끝내 그녀가 아닌 새로운 여자친구를 택했다.

믿었던 사람에게 버림받았다는 배신감이 컸다. 시간이 지날수록 그녀는 자신이 그 남자의 연인이 되지 못한 이유가 자신보다 젊고, 매력적이며, 누구나 부러워하는 전문직을 가진 상대방 여자 때문이라는 다소 왜곡된 생각으로 비관했다. 자신이 그 남자의 여자친구가 되기에 부족함이 많았다는 것으로 결론을 내린 것이다. 그렇게 그녀의 이별은 큰 상처가 되었다. 이후 만남에 있어서도 '나를 정말 좋아할까요?', '항상 남자들이 먼저 떠났어요.', '사랑 같은 건 안 믿어요.' 라는 부정적인 생각을 먼저 했다. 그녀는 그렇게 사랑을 믿지 못했고 온전히 사랑하지 않기로 마음먹은 듯 했다. 요즘 그녀는 점점 편집광이 되어가고 있다. 마치 이별이 주었던 상실감을 충족이나 하려는 듯이 말이다.

연인과 이별한 사람들이 겪는 감정은 이별의 형태에 따라 다르다. 미련을 버리지 못하고 슬픔에 빠지거나 상대방을 비난하며 억울해하고 분노하기도 한다. 소중했던 무언가를 잃어버렸을 때 느끼는 상실감과 슬픔으로부터 벗어나기 위해 우리는 무엇을 해야 할까? 슬픔에도 끝은 있다. 이별의 순간은 칼에 손을 베인 것처럼 가슴이 아리고 몸의 모든 움직임이 순간 멈춰버린 것 같지만 눈물만은 멈출 생각을 하지 않는다. 그리고 이 슬픔은 마치 영원할 것만 같다. 하지만 시간이 흐르면 슬픔의 감정은 옅어지기 마련이다.

아빠가 끔찍한 사고를 당하신 것은 3월이었다. 나는 매년 3월이 시작되는 것이 설레기보다는 두려웠고 고통스러웠다. 그렇게 아빠의 사고는 20년이 훌쩍 지났고 지금의 난 다른 사람들처럼 3월의 시작과 봄의 계절에 설렌다. 서정주의 시 〈푸르른 날〉의 눈이 부시게 푸르른 날에 그리운 사람을 그리워하자는 내용의 시구는 늘 나에게 눈물이었지만, 어느 날부터인지 모르게 정말 푸름을 만끽할 수 있는 아름다움이 된 것이다. 시간이 약이라는 말은 사실이다. 다만 이 시간을 조금 덜 아프게 이겨내는 방법은 존재한다고 생각한다.

나는 '아랫목'이라는 그룹코칭을 운영하고 있다. 참가자들은 이 과정에서만큼은 안정되게 자신의 아픔과 고통을 이야기할 수 있다고 입을 모아 말한다. 우리는 말을 통해 아픈 감정이 정리되기도 하고 눈물을 통해 고통의 감정이 완화되기도 한다. 실제 우리가 슬플 때 흘리는 눈물은 카타르시스 효과를 가지고 있고, 모르핀만큼 강력한 엔돌핀이라는 호르몬을 분비시켜 고통의 느낌을 완화시켜준다고 한다. 온전히 나의 말을 비판과 비난 없이 들어줄 수 있는 사람을 통해 감정은 얼마든지 회복될 수 있다는 것이다.

'심리적 회복탄력성(Resilience)'이라는 말이 있다. 시련과 고통을 이겨내는 긍정적인 힘을 가리키며, 이별을 극복하는데 있어서도 회복탄력성이 높은 사람에게 좀 더 유리하다는 것이다. 이러한 회복탄력성은 본 책에서 강조하는 감성지능 요소들과 상당부분에서 일치를 보인다. 자신의 감정을 인식한 후 감정을 조절하는 '자기조절 능력'과 '대인관계 능력'을 통해 타인과 소통하는 과정에서 얻는 공감과 감정표현, 마지막으로 '긍정성'으로부터 자기 가치감을 실현하고 감사하는 태도를 가지는 것을 가리키기 때문이다.

연인과의 이별이 남긴 상실감과 그로인한 슬픔의 동굴에서 빠져 나오기 위해 우리는 감정 회복력을 높일 필요가 있다. 그것은 슬픔을 직면하는 것이다. 다른 것에 편집증을 보이는 식으로 도망치거나 빨리 덮어버리는 감정의 억압이 아니라 충분히 애도하는 것이다. 시간과 말, 그리고 눈물은 이별을 극복하는 힘을 선물할 것이다.

마더 테레사 수녀는 만약 우리가 상처 받지 않을 만큼만 사랑한다면 우리가 받은 상처는 결코 치유되지 않을 것이라고 했다. 그러니 오히려 더 크게 사랑할 때만이 상처는 치유될 수 있다.

자기동기부여

감성지능의 마지막은 자기동기부여다. 자기 스스로 어려운 일을 해냈을 때 느끼는 기쁨과 뿌듯함이 주된 감정이다.

우리에게 마시멜로 실험으로 잘 알려진 스탠퍼드 대학 월터 미셸 박사의 연구는 유아기의 감정통제 능력과 사회 성취도와의 관계를 보여준다. 만 4세 아이들 653명을 대상으로 '마시멜로 실험'을 진행했다. 아이들을 마시멜로 과자가 한 개씩 놓여있는 테이블에 앉혀놓고 지금 먹어도 되지만 먹지 않고 15분을 기다리면 1개를 더 주겠다고 한 것이다. 참여한 아이들 중 약 30%가 먹지 않고 유혹을 견뎌냈다. 아이들은 유혹을 견뎌내기 위해 손으로 얼굴을 가리거나 자신의 손발을 이용한 놀이를 하기도 했으며, 잠을 잔 아이도 있었다. 그리고 14

년이 지난 후 유혹을 참아 낸 아이와 그렇지 못한 아이를 추적 관찰한 결과 두 집단은 대조적인 모습을 보였다. 15분을 참았던 아이들은 성취감이 강하고 자신감이 있으며 좌절상황을 잘 견뎌내고 공부도 잘한 반면, 참지 못했던 아이들은 자신감과 동기가 부족한 것으로 나왔다.

일반적으로 동기부여는 외재적인 것과 내재적인 것으로 구분해서 이야기할 수 있다. 내가 어떤 행동을 함으로써 얻게 되는 물질적 보상이나 처벌이 동기가 되었다면 외재적 동기부여의 힘이 발휘된 것이다. 하지만 스스로 어려움을 극복하고자 하는 것, 자신이 세운 목표를 포기하지 않고 달성해 보는 것, 이것은 내재적 동기부여에 가깝다고 할 수 있다. 감성지능에서 다루는 자기동기부여는 내재적 측면을 이야기한다.

나는 자기동기부여가 잘 되는 사람이 사랑에 있어서도 상호의존적인 관계로 발전시켜 갈 수 있으리라 생각한다. 이들은 인간관계에 있어서 적극적이며 자기주도적인 것이 특징이다. 이런 특징은 이별 후 원래대로 감성을 회복함에 있어서도 좋은 영향을 끼칠 것이다. 자신의 감정을 통제하기 전에 왜 통제해야만 하는지에 대한 이유를 알 수 있다. 이별의 원인이 나에게 있는 것처럼 자책하지 않을 것이며, 사랑 말고도 자신이 집중해야 할 일들이 있다는 것을 일깨워 주기도 할 것이다. 바로 나를 긍정적인 방향으로 움직이게 하는 힘, 그것이 바로 자기동기부여인 것이다.

지혜로운 이별을 배우고 싶다면 스스로의 선택과 어제와 연결된 오늘, 그리고 내일의 인생에 격려의 박수를 보낼 수 있어야 한다.

: CHAPTER 05 :

함께 하기 위한
치열한 공유의 시작,
결   혼

긴장과 기대

"나랑 결혼해야겠다는 결심은 언제 한 거야?"

"당신은 나의 어떤 점이 좋아서 결혼한 거야?"

남편의 대답은 실망스럽게도 너무나 단순하다.

"함께 있으면 유쾌하고 즐거웠어."

나는 적어도 '당신을 처음 본 순간 운명의 강한 끌림을 느꼈어.' 라는 식의 꽤
나 낭만적인 이유를 기대했던 것 같다. 하지만 나는 잘 알고 있다. 심심하리만
큼 단순한 저 대답이야말로 남편이 생각한 진짜 결혼의 이유라는 것을. 아니,
그 이상의 이유를 대는 것이 우리 두 사람의 결혼 스토리에서는 어렵다는 것을
누구보다 잘 알고 있다.

우리는 2006년 결혼을 했다. 그 해는 '쌍춘년'으로 언론에서 수없이 결혼에
대한 이슈를 쏟아냈던 해이다. 우리가 결혼을 한다고 하니 주위의 반응은 정말
'뭐 이래?'였다.

"너희 속도위반 했냐?"

우리 둘에게도 사실 조금 웃기는 상황이긴 했다. 연애 7개월 만에 결정된 결혼이었다.

그것은 오로지 어느 날 갑작스럽게 소개받은 지금의 시어머니 덕분이었다. 그냥 잠시 지나가다 인사를 드렸던 것인데 어머니는 우리 두 사람이 그해, 그것도 여름이 지나기 전에 결혼을 하면 너무 좋겠다는 말씀을 전해 오셨다. 그렇게 아무런 준비도 없이 우리는 무엇인가에 휩쓸리듯이 둘의 인생에 있어서 가장 중요하고 큰 과제라 할 수 있는 결혼을 결정해 버렸다. 지금 생각해 보면 이것도 운명이라면 운명일 것이다.

내가 그리는 남편의 롤 모델은 나의 아빠였다. 다정하게 이야기를 들어주고, 나의 꿈을 지지해주며, 마음을 편안하게 만들어주는 초록 들판 같은 사람. 이것이 그 당시에 내가 지켜내고 싶었던 배우자에 대한 조건이었다. 이런 조건은 갑작스럽게 불어 닥친 결혼의 무게 또한 사랑으로 쉽게 견딜 수 있다고 받아들이게 하는 마법을 발휘했다고 나는 해석한다.

그래서 그렇게 결혼한 지금은 어떠냐고 누군가 묻는다.

나는 누구에게든 자신 있게 말한다.

"결혼은 꼭 하세요. 너무 좋습니다."

/

인생의 반전을 꿈꾸는
당신에게

/

    당신이 지독한 독신주의자나 자유연애가가 아니라면 연애의 종착역은 결혼이 될 것이다. 우리 모두는 이성을 만나고 그 만남을 유지하면서 줄곧 상대와 함께 하는 결혼 생활을 그린다. 처음부터 결혼을 생각했다기보다는 자연스럽게 연애가 결혼으로 연결된 것이다. 하지만 처음부터 결혼이 목적인 만남도 있다. 그것이 꼭 연애결혼이 아닌 중매결혼을 칭하는 것은 아니다. 그저 누군가로부터 도망치고 싶은 도피처로서의 결혼을 말하는 것이다.

    아직 어린 나이지만 그녀는 그저 보통의 조건만 갖추었다면 누구라도 만나서 빨리 결혼을 하고 싶다는 말을 한다. 왜인지 물었더니 그녀의 대답은 이랬다.

    "아빠가 없는 곳으로 빨리 벗어나고 싶어요." 내가 들은 그녀의 아버지는 다소 가족들에게 강압적이며 자신의 뜻대로 가족 구성원의 행동을 통제하려는 분이라고 했다. 그녀는 그런 아버지에게 전부터 불만이 있었지만, 워낙에 가족 간 소통 없이 지낸지가 오래라서 단 한 번도 편안하게 대화를 해 본 적이 없다고 했다. 성인이 되어 스스로 돈을 벌기 시작하자 행동 하나하나를 일일이 간섭하고 통제하려는 아버지를 향한 불만은 더욱 커져만 갔고, 그녀를 답답하게 만들었다고 한다. 아버지가 있는 집은 편안한 곳이 아니라 불안한 곳이 되어버렸다고 했다. 그리고 언제부터인지 그녀는 딱히 필요한 물건이 아닌데도 홈쇼핑으로 물건을 사는 쇼핑 중독의 행동을 보이고 있다고 한다.

사람은 누구나 타인을 통해 만족되어야 하는 욕구를 가지고 있다. 이때 개인의 욕구를 만족시키는데 중요한 타인을 '자기 대상(self object)'이라 한다. 그리고 사람이 태어나고 처음 형성하는 자기대상은 부모이다. 그녀는 아버지로부터 충족시켰어야 하는 욕구를 자신의 연인, 배우자에게서 기대하고 있는 것인지도 모르겠다. 그런데 이렇게 미성숙한 자기감을 가지고 있는 그녀의 눈은 이미 현명한 선택의 도구로써의 제 역할을 다하지 못한다. 그녀에게 지금 필요한 것은 도피처와 같은 대상(object)을 구하는 것보다 아버지와의 관계 회복이 우선이라는 생각이 든다.

신경정신분석가 하인츠 코후트(Heinz Kohut)는 연인관계는 두 사람이 서로에게 자기대상이 되어주는 관계라고 설명하며, 두 사람은 서로에게 공감과 수용의 자세를 보이는 것으로 서로의 자기존중감을 높여줄 수 있어야 한다고 했다. 이것대로라면 바람직한 연인 관계가 성립되기 위해서는 그야말로 성숙한 자기 구조를 가진 두 사람이 만나야만 하는 것이다.

어린 시절 '안정, 신뢰, 사랑'을 기반으로 양육된 사람은 감정을 공감하고 수용했던 부모와의 상호작용을 통해 자기애적 욕구를 만족시키게 된다. 또한 발달과정마다 잘 조절되어 형성된 자기애는 자기존중감으로 전환되고, 이것은 성인이 되었을 때 새로운 자기대상과 성숙한 관계를 형성하는 초석이 되어주는 것이다. 하지만 이와 반대되는 양육 환경에서 어린 시절을 경험한 사람은 '기본 불안(basic anxiety)'을 겪게 되며, 애정의 욕구가 충족되지 않으면 그 결과로 불안감이 증가하게 된다. 자신을 무가치하다고 느끼고, 타인과의 관계에서는 신뢰의 문제에 지속적으로 노출되기도 한다.

나를 비롯해 이 책을 읽고 있는 우리들 중 완벽한 양육 환경에서 어린 시절을 보내고 완벽한 자기존중감을 형성한 후 대상을 만난 사람은 드물 것이다. 우리는 모두 조금씩 불안정하며 그 불안정 속에서 관계에 대한 불신과 불안을 어느 정도 안은 채 살아가고 있는 것이 맞을 것이다. 그렇다고 해서 우리 모두가 나의 배우자를 내 욕구 충족을 위한 자기대상으로만 생각하는 것도 아니다. 그러니 결혼이야말로 조금씩 구멍 난 두 사람이 만나 서로를 공감하고 수용하는 것에서부터 애정의 욕구를 충족시켜줄 수 있어야 한다. 그런데 정작 자신은 상대방의 대상이 되어줄 수 없는 미성숙한 상처투성이면서 결혼을 통해 애착의 도피처를 꿈꾼다는 것은 참으로 이기적이며, 상대방에 대한 기만일 수도 있다고 생각한다.

결혼은 그녀가 생각하는 것처럼 그리 만만한 것이 아니기에.

나 혼자가 아닌
우리로 타협해야 할 것들

결혼은 무엇을 의미할까?

우리의 인생에는 출생, 성인, 결혼, 죽음의 통과의례라는 것이 있다. 이전의 정체감에서 벗어나 새롭게 부여된 정체감으로 옮겨가는 통과과정이다. 지금껏 내가 경험한 통과과정은 출생과 사춘기, 성인, 결혼 정도로 나눠볼 수 있다. 이 중 가장 강렬한 통과과정은 결혼이었다. 나는 나를 결혼 전후의 나로 이해하고 있다. 그리고 이것을 구분 짓는 축은 '책임감'이다.

흔히들 인생은 어차피 독고다이(일본어)라고들 한다. 혼자 가는 것이라고 쉽게 이야기하지만 나는 결혼이라는 제도를 통해 인생은 혼자갈 수 없다는 것을 알게 되었다. 좀 더 자세히 말하자면 혼자 가면 안 되는 것이 인생이 된 것이다.

결혼초기를 가리켜 일반적으로 부부가 서로에게 적응하는 시기라고 한다. 그리고 이 시기는 앞서 배운 감성지능의 모든 요소(감정 인식, 감정 이입, 관계기술,

감정 조절, 자기동기 부여)들이 한꺼번에 발휘되어야 하는 시기이기도 하다. 결혼 초기에 충분히 소통을 통해 서로에게 적응된 부부는 자녀의 성장기와 부부 중년기를 잘 보낼 수 있을 거라고 생각한다. 부부는 이 적응기를 통해 비로소 하나의 가족이 되는 것이다. 원가족에게서 파생된 문제들을 해결해야 하고, 분리시킨 후 온전히 배우자에게 애착의 중심을 옮겨와야 하는 것이다. 그래서 이 시기에는 무엇보다 서로에 대한 헌신과 배려가 필요하다. 하지만 많은 사람들이 결혼 초기는 그저 고소한 깨 볶는 냄새가 나는 것이고, 열정이 가득한 낭만적 사랑의 시기로만 상상하기도 한다.

'신혼여행에서 돌아오지 말았어야 했어.'

아침은 빵이나 과일로 간단히 챙겨먹고 출근을 했던 여자가 갑자기 아침밥을 차리기란 힘든 일이다. 하지만 결혼 전 시어머니가 당부했던 "아침은 꼭 먹고 출근할 수 있게 해 주렴."이라는 말이 귓속을 맴돈다. 사랑은 깨지고 현실이 시작되는 순간이다. 누군가와 한 침대에 누워 잠을 자는 것이 이렇게 불편할 것이라고 상상도 못한 그 남자는 결혼 전에 혼자서 널찍한 침대를 다 차지하고 누웠던 그때가 그립기도 하다. 아주 사소한 것부터 큰 것까지 다름을 조금씩 맞추고 양보해야만 하는 단계인 것이다.

'내가 불편한 것이 있다면 상대방도 그렇겠구나. 이런 과정을 통해 우리는 진짜 하나가 되는 거구나. 오늘은 배우자가 피로를 풀 수 있도록 함께 공원이라도 산책하는 것은 어떤지 물어야겠다.' 감성지능이 높다는 것은 균형을 잘 잡는 것을 의미한다.

결혼이 아프지 않으려면 부부라는 최소단위를 통해 우리가 얻고자 하는 심리적 욕구를 알고 있는 것이 도움이 될 것이다. 다음은 가족 안에서 충족시키고자 하는 기본적 욕구이며 이러한 욕구가 충족될 때 우리는 '웰빙(well-bing)'이라고 하는 '주관적 안녕'을 느낄 수 있게 된다.

- 지향 및 통제욕구
- 쾌락추구 및 고통회피욕구
- 애착욕구
- 자아존중욕구

결혼 후 분가하지 않고 시댁에서 시부모님과 함께 사는 며느리는 많은 부분에서 힘들어 한다. 가장 달라지는 것 중 하나가 바로 옷차림이다. 한여름에도 제대로 다 갖춰 입어야 하는 불편함 말이다. 또 취침과 기상 시간이 자유롭지 않아 주말에도 늦잠 한번 자지 못하고 눈치를 본다는 것이다. 이렇듯 가장 1차원적인 신체적 움직임의 자유를 내 마음대로 통제할 수 없음에서 욕구 불만이 쌓이고, 이는 불안감과 불편한 감정을 동반하기도 한다. 또한 집안에서 작은 말다툼이라도 하는 날은 높아지는 긴장감으로 인해 분노가 더 커져 여러 부분에서 기본적인 욕구 충족에 문제가 생기기도 한다. 이렇듯 가족 내에서 충족되지 못한 욕구는 부정적인 감정을 생산하게 되고 우리의 사고는 '결혼이 행복하지 않아'라는 결론을 도출하기도 한다.

물론 4가지 심리적 욕구를 완벽하게 충족시킬 수 있는 결혼 환경을 만드는 것은 불가능한 일일지도 모르겠다. 다만 우리는 각각의 욕구를 희생하는 것이 아니라 타협하는 쪽으로 충족하면 되는 것이다.

　나는 당신이 당신의 아내 혹은 남편의 현명한 타협에 응할 수 있는 사람이길 바란다.

어차피
완벽한 배우자는 없다

결혼 전에는 전혀 알지 못했던 배우자의 특징을 결혼 후 비로소 알게 되어 당황스러워 하는 경우가 있다. 그것은 원가족에서의 경험과 깊은 연관이 있고 또한 부부 간 갈등의 원인이 되기도 한다. 나 또는 상대방이 어떤 의사소통 유형의 특징들을 가지고 있는지 알게 된다면 보다 성숙해질 수 있을 것이다. 경험적 가족치료로 잘 알려진 사티어(Virginia Satir)는 인간은 근본적으로 성장하려는 잠재력과 생명력을 가지고 태어났기 때문에 적절하게 양육된다면 건강한 성인으로 발달할 수 있다고 했다. 의사소통 유형에는 아래와 같은 것들이 있다.

첫째, 남편은 장남이기 때문에 여러 명의 동생들을 돌보고 경제적으로나 정서적으로 지지하는 것을 당연하게 말한다고 한다. 아내는 더욱이 그들이 성인이 되고 각자 가정을 꾸린 후에도 뒷바라지를 유지하는 것이 못마땅하고 이해할 수 없다고 했다. 여기에서 남편은 바로 회유형이다. 회유형은 자신의 가치를 무시하고 모든 것을 타인에 우선으로 맞추는 사람이다. 타인이 봤을 때는 순종적이며 착하다고 받아들일 수도 있다. 지나칠 경우 과하게 자기 처벌적이거나 타인에 의존적일 수 있다. 그렇다 보니 회유형은 무엇보다 타인의 칭찬과 인정이 행동의 동기부여가 된다. 겉으로 봤을 때는 평온해 보일 수도 있으나 사실 긴 시간의 감정노동으로 인해 우울감이 커져 있거나 자아가 많이 위축되어 있을 수 있다.

둘째, 이혼을 준비하고 있다는 한 여성은 남편이 책임감도 있고 가족을 위해 노력하는 사람이라고 말했다. 연애 시절에도 가끔 화가 나면 감정을 통제하지 못하고 폭발시켜버리는 것 말고는 모든 면에서 괜찮은 사람이었다고 한다. 특히, 남편은 무엇인가 자신이 계획한 대로 일이 풀리지 않으면 화를 내면서 넉넉지 못했던 가정형편 때문에 자신이 학교를 포기해야만 했다며 돌아가신 시부모님 탓을 한다고 했다. 이제는 매번 일이 생길 때마다 다른 사람 탓만 하며 억울해 하는 남편이 아내 입장에서는 가엾다기보다 한심하고 화가 난다는 것이다. 이 남편은 바로 비난형의 특징을 가지고 있다. 다소 공격적인 성향을 가지고 있는 비난형은 타인을 무시하고 자신의 주장이 강하다. 원가족 내에서 똑똑한 형에게 밀리고 귀여운 동생에게 밀리며 "너는 도대체 제대로 하는 것이 하나도 없다.", "모든 것이 너 때문이야. 니 잘못이야." 라는 비난의 말을 수없이 들었을 가능성이 높다. 그렇다 보니 많은 부분에 있어서 자신이 희생되었다는 피해의식을 늘 몸에 품고 있는 시한폭탄 같은 존재라고도 할 수 있다. 이런 비난형의 사람은 겉으로는 굉장히 센 척 하지만 사실은 외로우며, 타인에게 인정받기를 강하게 원하는 사람이다.

셋째, 아침부터 시간별 스케줄을 빼곡하게 적고 게임의 단계를 올라가듯 하나씩 지워가며 너무나 철저한 규칙들을 배우자와 자녀에게까지 강요한다. 하나라도 그 계획에서 어긋날 경우 못견뎌하는 초이성형의 사람이다. 원칙주의자이다보니 항상 무엇이든 잘해야 한다는 강박증에 시달리고 긴장을 내려놓지 못한다. 지식과 합리화의 방어기제를 주로 사용하기 때문에 상대방으로부터 냉정하다는 소리를 들을 수 있고 감정표현에 있어 매우 취약한 것이 특징이다. 어린 시절부터 모든 것을 스스로 해결하며 인내했을 가능성이 높다. 스스로 개척하지 못하면 인생은 자립할 수 없는 것이기에 더욱 '~해야만 한다.', '~해서는 안 된다.'와 같은 내면규칙을 강화시켰을 것이다. 그러니 내면은 외로움과 공허한 감정으로 가득하다.

넷째, 타인의 행복에는 관심이 없고 오로지 자신에게 즐거운 것에만 집중하는 산만형이 있다. 성인이지만 주의집중이 안 되는 아동기의 어린이처럼 비매너적인 태도를 보일 수도 있다. 진지함이 떨어지고 항상 주의를 끌기 위해 튀는 행동으로 상대방을 당혹스럽게 만들 수도 있을 것이다. 그러나 무엇보다 이들은 주위 사람들로부터 진심어린 관심을 받길 원한다. 조금 튀는 행동을 할 경우 주위의 시선을 끌 수 있다는 왜곡된 생각이 그를 이끄는 것이다.

우리는 배우자의 태도와 행동에서 어떤 유형인지를 짐작하고 그 사람이 양육되는 과정에서 부모님과 형성했을 애착에 대해 생각할 수 있어야 한다. 더불어 각 유형들이 가지고 있는 단점을 보완할 수 있는 것들을 결혼 생활 동안 실천해야만 한다.

회유형에게는 그가 얼마나 가치 있는 사람인지에 대해 말해주도록 한다.

"당신은 지금도 충분히 잘 하고 있어요. 나 또한 당신을 도울 거예요."

비난형에게는 당신이 세상에 혼자가 아니고 사랑받을 자격이 있는 사람임을 일깨워줘야 한다.

"당신이 얼마나 따뜻한 사람인지 알아요. 그리고 우리와 함께 하고 싶어 한다는 것도요."

초이성형에게는 완벽하지 않아도 된다며 긴장을 풀도록 도와야 한다.

"잘 해내지 않아도 돼요. 즐거운 것을 함께 할 수 있었으면 해요."

산만형에게는 당신이 가족에게 있어서 얼마나 중요하고 필요한 존재인지를 확인시켜줘야 한다.

"당신이 함께 해서 얼마나 든든한지 몰라요."

나는 어떤 배우자를 꿈꿨는가?

지금 당신 옆에 있는 상대방은 내가 꿈꾸던 결혼 속 주인공이 맞는가?

결혼은 사랑하는 사람과 하는 것이 아니라 결혼하고 싶을 때 옆에 있는 사람과 하는 것이라는 말을 들어봤을 것이다. 당신은 그 말에 동감하는가?

개인이 원하는 좋은 배우자의 조건이 있다. 그런가하면 누구라도 놓치면 후회할 법한 좋은 배우자의 유형도 있기 마련이다. 대화가 통하는 사람, 밝고 유쾌한 사람, 사려 깊은 사람, 타협할 줄 아는 사람, 나의 꿈을 함께 지지해줄 수 있는 사람 등등.

아마도 '바보온달과 평강공주' 이야기를 알고 있을 것이다. 고리타분한 동화라고 여기지 않았으면 한다. 결혼은 한 사람을 바보로 만들 수도 있고, 용맹한 장수로도 만들 수 있다. 서로를 발전시키는 상호의존적 관계를 유지할 수만 있다면 말이다. 물론 배우자가 자신의 가치를 해치지 않고 타인의 가치를 인정하고 배려하며 상황을 고려한 행동을 선택하는 일치형의 사람이라면 더욱 좋았겠지만, 그렇지 않더라도 상대방이 가지고 있는 심리적 경험을 이해하고 공감할 수 있다면 성숙한 부부관계를 기대할 수 있을 것이다.

진짜 '우리집'의 가족규칙 만들기

'도대체 이사람은 왜 이러는 것일까?' 결혼한 부부라면 내가 혹시 다른 사람과 결혼을 한 것은 아닌가 하는 생각을 하곤 한다. 연애 때에는 미처 보이지 않았던 상대방의 다른 면들이 눈에 들어오기 때문이다. 그중에서도 가장 거슬리는 부분은 그와 그의 원가족에게서만 발견되는 이해할 수 없는 규칙들이다.

"명절에는 왜 여행을 가면 안 되는 건데?" 휴가를 마음대로 쓸 수 없는 직장인들은 명절 연휴를 해외여행을 갈 수 있는 가장 좋은 기회로 생각한다. 하지만 상대방은 명절에는 꼭 집에서 제사를 지내야하기 때문에 해외를 가는 것은 안된다고 한다. 이유는 조상을 섬기는 것에 가장 큰 의미를 두고 있는 집안 분위기 때문이다.

"나는 나가서 돈 벌어 오잖아. 집안일은 여자가 하는 거지." 아내는 주말에 집에서 쉬고 있는 남편에게 청소를 도와달라고 했다가 돌아온 대답에 자신이 조선 시대 사람과 살고 있는 것만 같다고 생각한다.

"내 집 먼저 마련하고 다른 것에 지출은 나중에 생각해 보자." 차를 바꾸고 싶어 하는 남편에게 아내는 집을 마련하기 전에는 큰 지출은 절대로 허용할 수 없다고 못을 박는다. 항상 출퇴근 시간이 너무 길어 피곤한 남편은 아내의 생각이 불합리하고 비효율적이라는 생각을 지울 수가 없다.

부부가 가족이라는 이름으로 하나가 되었지만 온전히 하나가 되지 못한 채 자꾸 충돌하고 갈등 상황으로 돌입하게 만드는 이유들이다. 내 상식으로는 도저히 이해할 수 없는 것들이 상대방에게는 너무나도 자연스러운 일상일 수도 있다는 것이다. 30년을 그렇게 습관처럼 지켜온 것들을 하루아침에 모른척하기란 어렵다. 두 사람 간에 충분한 이해와 협의의 시간이 필요한 것이다. 그래서 나는 되도록 결혼 전 예비 부부학교를 통해 이것에 대해 서로 공유하는 시간을 가져보라고 말해주고 싶다.

가족규칙은 '~해야만 한다.' 또는 '~하지 말아야 한다.'의 행동의 기준을 만들어내는 것으로, 사회적으로 공통되게 지켜지고 있는 보편적 규칙이라기보다는 함께 해온 시간동안 자연스럽게 생겨난 가족구성원의 행동을 제한하는 관계상의 합의를 말한다. 가족 간의 공개적인 합의 과정에 의해 만들어진 규칙이 있는가 하면, 암묵적 합의에 의해 만들어진 규칙도 있다.

서로 다른 가정환경에서 생활했던 남녀가 부부가 되어 가정을 꾸리는 순간 각자의 원가족 내에서 지키던 규칙들에서 벗어나 새로운 가족규칙을 만들어야 한다. 하지만 많은 부부들은 이러한 과정을 거치지 않고 습관처럼 자신의 원가족 내에서 따르던 규칙을 고집하게 되고 이것은 부부사이에 예상하지 못했던 충돌의 원인이 되고야 만다.

가족규칙의 충돌로 인한 부부의 갈등을 최소화하기 위해서는 규칙의 행동 제한이 가지고 있는 모순점은 없는지 점검하는 시간이 필요하다. 합리적 가능성에 맞게 두 사람이 합의할 수 있는 것이라면 개선의 여지가 충분하기 때문이다.

가족규칙 합의를 위한 가이드

"~해야만 한다." "~하지 말아야 한다."	규칙을 지키기 어려운 상황	합리적인 가능성 찾기
주말 아침밥은 반드시 가족이 함께 먹어야만 한다.	• 주말에는 늦잠을 자고 싶다. • 구성원 각자 약속이 있다.	✓ 주말은 구성원들의 기상 시간을 기준으로 정할 수 있다. ✓ 규칙을 지키기 어려운 상황 발생 시 전날 미리 알려준다.
부모는 반드시 첫째가 모셔야 한다.	• 다른 형제에 비해 모실 수 있는 형편이 안 된다. • 직장과 부모님 거주지의 거리가 멀다.	✓ 주 또는 월마다 댁으로 모시거나 찾아뵙도록 한다. ✓ 다른 형제들로부터 경제적인 도움을 받아 모시도록 한다.
형편이 어렵다는 것을 티내지 말아야 한다.	• 모임 참가비를 충당할 수 없다. • 보증을 서거나, 돈을 빌려줄 여유가 없다.	✓ 모임의 리더와 참가비 납부형태에 대해 상의한다. ✓ 물질적인 부분 외에 도움이 필요한 것은 없는지 확인해 본다.

다음으로 서로가 따르고자 하는 규칙들을 총괄할 수 있는 상위규칙(Meta Rule)을 정할 필요가 있다. 상위규칙은 새로운 가족규칙을 어떻게 정하고 변화시킬지에 대한 기준이 되는 것이다. 가족 모두(부부와 자녀)에게 이로운 규칙이어야 하며 긍정적 가치를 실현하는 것이어야 한다. 다음은 가정에서 지향하는 가치들을 모아놓은 것이다. 내 가정에서 우선적으로 실천하고 싶은 가치의 순서를 정해보도록 하자.

1. 배우자와 조화로운 공동생활을 한다.
2. 자녀에게 충분한 사랑과 관심을 준다.
3. 자녀가 양질의 교육을 받도록 한다.
4. 내 직업에 만족한다.
5. 경제적으로 여유 있는 생활을 한다.
6. 가까운 주변 사람들을 보호한다.
7. 자신과 자신의 이익을 위해 충분한 시간을 할애한다.
8. 최소 1년에 한번이라도 휴가를 간다.
9. 친구와 충분한 시간을 보낸다.
10. 아름답고 넓은 집에서 산다.
11. 가사를 공평하게 분담한다.
12. 가족 이외에서도 인정받고 존중받는다.
13. 자기발전을 위해 노력한다.
14. 남편과 부인은 각자 자기 돈을 번다.
15. 직장에서 출세한다.
16. 가사에 충분한 시간을 할애하고 전일제 직장생활도 한다.

(출처- Dr. peter kaiser, 문용갑, 이남옥 공저, <대물림과 가족치료>, 좋은땅, 2016, 62쪽)

이러한 상위규칙(가치)을 정할 때 중요한 것은 이 규칙으로 인해 가족 중 누군가의 큰 희생을 요구하게 되거나 예상치 못한 심각한 갈등을 초래할 경우 내려놓을 수 있어야 한다는 점이다. 그리고 무엇보다 가족규칙의 바람직한 작용을 위해서는 부부와 자녀 등 가족 구성원간에 끊임없는 소통이 필요하다.

/

서로가 기대하는
역할에 집중하기

/

부부 및 가족 소통에 관한 주제로 강의를 하다보면 일부 교육생들로부터 하소연을 듣기도 한다. 그리고 대상자의 남녀 성별에 따라 그 하소연의 내용은 극명하게 차이를 드러낸다. 남편의 경우, 가족을 위해 쉬지 않고 밤늦도록 야근을 하고 휴일에도 출근을 하며 열심히 일을 하고 있는데 아내의 불만은 끝이 보이질 않는다는 것이다. 반대로 아내는 남편이 회사일로 얼마나 바쁘고 피곤한지는 알고 있지만 휴일에는 아이들과 충분히 놀아주고, 좀 더 다정다감하게 자신의 이야기들에 반응해줬으면 좋겠다는 것이다.

부부는 서로에게 기대하는 네 가지 동반자적 역할이 있다.

첫 번째는 '가족적 동반자'이다. 가정의 모든 것을 서로 공유하며 신뢰하는 가족애를 느낄 수 있는 동반자로서의 역할을 가리킨다. 문제해결을 위해 함께

/

협력할 수 있는 관계를 의미한다.

두 번째, '낭만적 동반자'이다. 긴 기간을 서로 떨어져 있게 될 경우 상대방이 그립고 보고 싶어지는 열정적인 사랑을 말한다. 또한 성적인 욕구를 충족시킬 수 있는 애정의 상대여야 함을 의미하기도 한다.

세 번째, '사교적 동반자'이다. 개인적인 친근감과 신뢰를 바탕으로 하는 긍정적인 정서 교류를 말한다. 일상생활 속에서 소통을 통해 친밀감을 유지할 수 있어야 함을 의미한다.

네 번째, '작업적 동반자'이다. 서로가 각자의 목표를 실현할 수 있도록 상대방의 목표 지향적인 행동을 지지하고 신뢰하는 관계로 여기에는 경제활동을 유지하는 것이 포함된다.

이 네 가지 중 어느 하나가 부족하거나 하나에 지나치게 집중되어도 부부의 모습은 단절을 그리게 된다. 이혼을 결심한 부부가 있었다. 그런데 이 부부가 이야기하는 이혼 사유는 그동안 알고 있었던 '성격 차이, 경제적 문제, 고부갈등'처럼 일반적인 것과는 거리가 있었다. 이 부부가 서로에게 소홀해지고 이혼에 이르게 된 직접적인 원인은 다름 아닌 서로를 지나칠 정도로 생각하는 배려 때문이었다.

두 사람은 일을 마치고 돌아온 상대방이 부부의 공동 공간이 아닌 개인 방으로 향하는 것에 대해 서운해 하기보다는 그저 이해했다는 것이다. '피곤하니 쉬도록 해 줘야지.', 반대로 '불평이 없는 것을 보니 괜찮겠지.' 라는 생각을 했다는 것이다. 이 부부는 서로에게 '작업적 동반자'로서의 역할은 충분히 해 주고 있었지만 '사교적, 낭만적 동반자'로서의 역할은 부족해서 발생한 안타까운 경우다.

그래서 부부 사이에는 서로를 이해하는 배려만으로는 그 관계를 유지하는 것이 어려우며 역할을 이행하는 것이 중요하게 작용되기도 한다. 부부 간에 지켜야 하는 '예(禮)'인 것이다.

결혼 전에 많이 들었던 말 중 하나가 부부는 사랑만으로는 살 수 없다는 것이었다. 이것이 곧 서로에게 요구되는 역할일 거라 생각한다. 물론 개인마다 자신의 배우자에게 더 기대하는 역할과 덜 기대하는 역할이 있을 것이다. 그런가 하면 자신이 잘 수행할 수 있는 역할과 그렇지 못한 역할도 있다. 이것은 마치 우리가 잘 알고 있는 강점과 약점의 원리와 비슷하다고 생각한다.

남편은 결혼할 당시 직업이 없었고 나이 또한 나보다 어렸기 때문에 어쩌면 작업적 동반자로서의 역할 수행에 있어서 많은 부분이 위축되어 있었던 것이 사실이다. 그렇다고 남편이 부부 역할에 있어서 빵점인 사람은 아니었다. 남편의 기본적인 성향은 다정다감하고 타인에 대한 공감을 잘하는 유형이다. 이러한 강점은 부부 사이의 가족적 동반자와 사교적 동반자의 역할 수행에 좋은 장점으로 작용했고, 나는 남편이 잘해내는 이 부분에 대해 긍정적인 피드백을 아끼지 않았다. 어느 순간 남편은 자신이 가족 내에서 수행해야 할 것들을 찾기 시작했고 그 목표를 지향하고 달성하는 것에서도 즐거움을 찾기 시작했다.

네 가지 동반자적 역할 수행에 있어 타고난 재능으로 모두를 해 내는 배우자는 없다. 단지 연결된 고리처럼 하나가 잘 되면 다른 하나에도 영향을 미치는 것이다.

부부는 서로에게 애착과 존경이 필요한 인간관계이다. 때로는 각자에게 주어진 역할수행을 안정적으로 하는 것으로부터 정서적 결합을 더 견고히 할 수 있다는 점을 기억하기 바란다.

나와 상대 사이에 자리 잡은
그것과 마주하기

중국에서 남편의 야근을 반대하는 아내들의 행위 예술 시위에 관한 흥미로운 기사를 읽었다.

'남편을 즉각 반환하라!'

'당신은 나보다 일을 더 사랑해요.'

'내가 임신 4주인 것을 알고 있나요?'

라는 문구가 쓰여 있는 피켓을 든 아내들의 표정은 비장해 보였다. 나는 이 기사를 접하는 순간 동변상련과 같은 마음에 '나도 이 시위 하고 싶다' 라는 생각이 들었다. 그리고 기사를 링크해서 남편에게 보내줬더니 남편 또한 나와 같은 말을 했다. '나도 하고 싶다.'

행복한 부부를 위해 반드시 함께 하는 시간은 보장받아야만 한다. 그런데 그것을 회사가 막고 있다면 개인, 기업, 사회 전반적으로 일의 구조에 대한 재정비가 필요하다고 생각한다. 그러나 이런 이유가 아닌데도 건강한 순기능적 가족의 모습을 방해하는 것도 있다. 바로 부부 사이에 강하게 자리 잡고 있는 제3의 대상에게로의 '중독'이다. 여기에서의 중독은 흔히 범죄와 연결된 그런 중독을 이야기하는 것은 아니다. 일상생활에서 흔히 보게 되는 '행동 중독'을 말한다. 일 중독, 알코올 중독, 도박, 성도착, 운동 중독, 텔레비전, 핸드폰 중독 등 다양한 대상으로 빠져들 수 있다. 안타깝게도 현대인들은 열심히 최선을 다해 사는 것 같아 보이게 만드는 것들에 중독이 되어 있고, 또 이것들이 가정을 단절로 모는 경우가 자주 등장한다. 바로 일중독(Work-holic)이 그 주범이다. 치열한 경쟁 시대에 살아남기 위해 누구보다 열심히 주어진 삶을 살아가는 사람들이 우리 가정 안에 있다. 그것이 가족을 위하는 일이라고 믿고 있기 때문에 소외되어 있는 배우자를 생각할 겨를도 없었을 것이다. 일을 비롯해 제3의 다른 무엇인가에 중독된 배우자는 상대 배우자를 외롭게 한다. 사실 결혼을 하고 부부로 살아가다보면 많은 일들을 겪게 된다. 솔직히 부부에게 가정에서 일어나는 예상치 못한 문제들은 진짜 문제가 아니다. 바로 한쪽의 중독으로 인해 부부 사이에 대화와 소통의 단절이 생기고 이때 실행해야 할 부부만의 갈등처리 기술의 부재가 문제인 것이다.

나의 배우자가 SNS에 흠뻑 빠져있다고 생각해 보자. 일어나자마자 지난 밤 SNS에 올렸던 자신의 게시글에 '좋아요'가 몇 개 눌려져 있는지, 누가 댓글을 달아줬는지에 신경을 쓴다. 가족이 함께 있는 중에도 쉬지 않고 핸드폰을 들어

다보고 여러 개의 그룹 대화창에서 쉴 새 없이 대화에 신경을 쓰고 있다. 배우자는 타인에게 무엇을 얻고 싶은 것일까?

중독의 사이클에 빠진 사람들은 말한다. 상대 배우자나 가족에게는 느낄 수 없는 만족감과 편안함을 이곳에서는 느낄 수 있기 때문이라고. 이 말 자체에는 특별히 틀린 점이 없다는 것을 안다. 보통 우리가 사용하는 방어기제라는 것은 본능적으로 나의 몸과 마음이 편한 쪽으로 살 수 있는 방법을 택하게 되고 그것이 행위로 반영되기 때문이다. 이것이 우리에게 말하는 것은 무엇일까? 그것은 나의 배우자가 선택한 중독의 대상은 내가 충족시켜 주고 있지 못했던 그 사람의 결핍된 내면의 욕구와 정서를 가리킨다.

부부 사이에 끼어있는 3요소를 없애고 싶다면 상대가 추구하는 욕구가 무엇인지, 타협의 가능성은 없는 것인지 이야기해 봐야 한다. 등산, 운동, 춤, 노래 등 취미 생활과 연결된 것이라면 함께 참여해 보는 것도 좋다.

또 하나는 상대방의 원가족에서 동일한 중독의 사이클이 발견되고 있지는 않은지 확인해 보는 것이다. 만약 배우자의 원가족이 역기능 가족에 속하는 경우라면 어쩌면 그 확률은 더 높아질 수도 있다. 우리는 부부가 되기 전엔 부부로 살아본 적이 없는 사람들이다. 하지만 부부로 살았던 부모에게서 부부관계를 배운 적은 있다. 나와 상대 배우자 모두의 원가족이 순기능 가족이었다면 너무도 좋겠지만, 그렇지 못한 경우라면 배우자를 탓하고 비난하기보다는 역기능 가족과 그 부모 밑에서 불안정 애착을 경험했을 그 사람을 온 마음을 다해 안아주는 것부터 시작해야 할 것이다. 그것이 부부이기 때문이다.

이런 중독의 뿌리를 이해하게 되면 그때부터 배우자는 상대 배우자와 나머지 가족에게 관심 없는 나쁜 사람이 아니라 외로움이 내면 깊숙이 잠재되어 있는 안쓰러운 사람이 될 것이다.

부부 중 누구라도 중독의 사이클에 들어가지 않게 하려면 앞서 설명한 가족 내에서 충족시켜야 하는 심리적 기본 욕구인 '지향 및 통제욕구, 쾌락추구 및 고통회피욕구, 애착욕구, 자아존중욕구'가 제대로 실천되고 있는지 다시금 체크해 봐야 한다.

부부에게 허락된 중독의 대상은 바로 배우자뿐이다.

/

노력하지 않는
사이좋은 부부는 없다

/

우리는 간혹 텔레비전 프로그램을 통해 위기에 처한 부부의 모습을 접하게 된다. 그리고 가족상담 전문가가 아니어도 그 두 사람 사이에 쉽게 해결할 수 없는 깊은 감정의 골이 있음을 단박에 알아차리게 된다. 그것은 두 사람의 대화를 통해 드러나는 경우가 많다.

존 가트맨은 그의 저서 〈행복한 부부 이혼하는 부부〉에서 위태로운 부부에게서 나타나는 특징들을 설명했다. 우선 좋지 않은 첫마디로 말다툼이 시작될 경우에 결과 또한 반드시 나쁜 경우가 많다는 점이다. 또 대화 시 보이는 서로에 대한 '비난, 모욕, 자기변호, 도피'의 태도는 부부 관계에 위기를 알리는 신호라는 것이다. 반대로 생각해 본다면 좋은 부부관계를 위해서는 이러한 4가지 태도를 보이지 않도록 주의하면 된다는 뜻이기도 하다.

/

부부는 서로에게 불만이 생길 수 있다. 불만이라는 것은 말 그대로 내 욕구, 기대에 충족되지 않음에서 생겨난 것이다. 그런데 감정인식력이 부족한 사람은 이 불만의 원인을 내가 아닌 상대방으로부터 찾게 된다. 그렇게 될 경우 내가 만족스럽지 못한 부분을 상대에게 설명하기보다는 그저 그를 비난하고 헐뜯게 된다.

육아와 가사일로 시간이 부족한 나는 책을 읽고 싶다. 그런데 시간적 여유가 생기지 않아서 스트레스를 받는다. 욕구가 충족되지 않음에서 발생하는 불만족이다. 나는 그 불만족의 원인이 퇴근이 늦어지는 남편이라고 생각한다. 급기야 상대방에게 "내 개인적인 시간을 전혀 가질 수가 없어. 이렇게까지 늦게 와야겠어? 당신 생각의 수준이 그거 밖에 안 돼?" 라며 불만 섞인 말을 거침없이 쏟아 붓는다. 존 가트맨의 말에 따르면 불만이 비난으로 바뀌는 까닭은 불만을 표현한 다음에 '당신 생각의 수준이 그거 밖에 안 돼?' 라는 식의 상대방의 성격이나 인격을 깎아내리는 비난의 말을 덧붙이기 때문이라고 한다.

또 "너희 부모님은 그래서 너를 그렇게 키우셨어?" 라는 식으로 일부러 상대가 싫어하는 말을 하거나, 상대방이 말하고 있을 때 엉뚱한 곳으로 시선을 돌려서 무시하거나, 상대방이 말을 할 때마다 비웃는 듯 조소를 보이는 태도이다. 이것은 상대에게 무시당하고 존중받지 못하고 있다는 모욕감을 느끼게 한다. 이러한 모욕감을 반복적으로 느끼는 사람은 상대에 대해 혐오감을 품게 되고 부부관계에 있어 상처로 작용하게 될 것이다.

또 문제가 발생했을 때 함께 충분히 고민하고 해결 방법을 논의하기보다는 자신을 변호하거나 핑계를 대는 태도는 상대방을 비난하는 것과 결부되어 있어서 "문제는 나에게 있는 것이 아니라 당신에게 있다." 라고 말하는 것처럼 이해되기 때문에 충돌을 막는 것이 어려워진다.

마지막으로 도피는 부부의 신뢰를 떨어뜨리는 것으로 작용된다.

결국 비난과 방어는 두 사람 사이의 마음의 문을 닫게 할 것이며 잦은 다툼을 예고하고, 결국 관계는 파국으로 치닫게 될 것이다.

부부라면, 가족이라면 이해할 수 있어야 한다는 것은 큰 착각이고 왜곡이다.

"당신은 당신밖에 모르지? 사람이 어쩜 이렇게 이기적이야?" 라고 했던 말을, "나는 너무 지쳤어. 짧게라도 좋으니 나 혼자서 편히 쉴 수 있는 시간을 갖고 싶어."라고 바꿔 말했다.

"내가 왜 이기적이야?" 며 곧바로 방어하던 상대방이 "당신이 이렇게 힘이 들거라는 생각을 못했어. 미안해. 내가 무엇을 도와주면 좋겠어?" 라고 물어봐 주기 시작했다.

연애 시절 다정했던 연인의 모습은 사라지고 결혼은 현실이 된다는 말을 자주 한다. 그러나 나는 결혼을 통해 뼈저리게 배운 것이 하나 있다. 부부의 애정이라는 것은 혼자서 만들 수 없으며 지독하리만큼 철저한 상호작용을 통해 완성된다는 것을. 우리는 자신의 감정을 오픈하고 다정하게 긍정적인 언어로 대화에 임해야 한다는 것을 모르고 있지 않다. 그저 그 순간, 너 때문이라는 비난의 감정에 휘둘러 전하고자 했던 대화의 방향을 찾아주는 나침반과 같은 욕구를 잊었을 뿐이다. 매 순간 잊지 않으면 된다. 내가 지금 왜, 무엇 때문에 이 이야기를 하려고 하는지에 대해서 말이다. 그저 자존심을 세우기 위해서가 아니라면 당신은 충분히 개방적이고 긍정적인 대화를 시작할 수 있을 것이다.

결 혼 에
미 칠 시 간

나는 1년이 넘도록 한 달에 한 번, 서울의 한 구치소에서 교육을 하고 있다. 그 구치소는 소수 수감자들을 대상으로 집중 인성교육이라는 것을 하고 있는데, 그 교육 프로그램 중 '100 감사' 라는 것이 있다. 교육을 마칠 때까지 사소한 것에서 큰 것에 이르는 100가지의 감사한 것을 발견하고 작성해 제출하는 것이다. 어느 날 담당 교도관님께서 감동적인 감사 글 몇 개를 보여주셨다. 너무도 사소한 것에서까지 감사함을 찾아낸 것에 나는 놀랐고, 그 중 사랑의 감사함을 찾았던 한 수감자의 글을 당사자의 허락을 받아 옮겨 적는다.

사랑해, OO양.

사람은 누구나 사랑을 한다고 한다. '사람' 그 존재 자체가 사랑에 의한 결과물로서 이 세상에 태어났고, 사랑하기 위해 성장하며 사랑 속에서 죽어 가는 것

같다. 그래서 나도 태어나면서부터 꾸준히 누군가에게 사랑을 받았고, 사랑을 해왔다.

그 감정에 너무나도 충실해왔던 나는 사랑에 눈이 멀어 아무것도 보지 못하고, 직진만을 선택해서 걸어 온 적도 있었으며, 용기 없는 선택에 의해서 그냥 바라만 보아온 사랑도 있었다.

그리고 사랑으로 인해 동반해온 이별의 슬픔 때문에 가슴 찢어 지는듯한 아픔도 겪어 보았다. 그런 수많은 성장통의 반복을 거쳐 오며 살아온 내 인생 속을 들여다보면 지금 현재 현실 속에서 하고 있는 사랑이야말로 가장 크고 아름답다는 생각이 든다.

어렵지만 힘든 지금의 현실 속에서 나는 나의 모든 것을 던져 사랑하고 있다. 00아, 사랑한다. 그리고 내 사랑의 대상으로서 힘들고 외롭게 내 옆을 지켜준 너에게 감사한다.

이 수감자에게 사랑은 인내해야만 하는 현재 삶에 있어 제1의 이유가 되어주는 달콤한 것이다. 하지만 사랑이 매번 달콤한 것만은 아니다. 위 감사 글처럼 사랑을 통해 느끼고 처리하는 감정들은 마치 우리가 인생을 살아가면서 길게 천천히 경험해야 하는 것을 압축해서 짧은 시간 경험하는 것 같다고들 한다. 어느 인생도, 어느 사랑도 쉬운 것은 없다. 다만 인생과 사랑의 다른 점이 있다면 그 끝을 선택할 수 있느냐 없느냐의 차이뿐이다. 그러니 언제고 끝을 선택할 수 있는 사랑은 매 회마다 클라이맥스가 존재하는 일일 드라마 같기만 한 것이다. 그래서 더 달콤하고 때로는 더 쓴 것이기도 하다. 그러니 사랑할 때의 롤러

코스터를 탄 것 같은 감정의 기류도 그다지 이상하지 않은 것인지도 모른다. 이 사랑이 연애에서 결혼으로 그 공간이 바뀌게 된다면 어떨까? 조금은 다를까?

　누구보다 고통스러운 사랑을 했던 예술가로 유명한 멕시코의 여류 화가 '프리다 칼로'. 그녀의 사랑은 집착이었을까? 대표 작품 중 〈몇 개의 작은 상처들〉이란 그림이 있다. 이 작품은 프리다 칼로가 한 신문 기사를 모티브로 그린 그림으로 알려져 있다. 한 여자가 남자에게 무참히 살해되었는데 살인을 저지른 남자가 판사 앞에서 '그저 몇 번 찔렀을 뿐(Unos Cuantos Piquetitos)'이라고 말했다는 것이다. 실제 그녀는 그림 속에 Unos Cuantos Piquetitos를 적어 넣기도 했다. 알몸의 여자가 날카로운 것으로 몸의 여기저기를 찔려 피와 상처투성인 채로 침대에 누워있고, 옆에는 한 남자가 흉기를 들고 서 있다. 그런데 특이하게도 프리다 칼로는 이 남자의 얼굴에 자신의 남편인 디에고 리베라의 얼굴을 그려 넣었다. 역시 멕시코의 유명한 화가인 남편 디에고 리베라와 그녀는 21세의 나이 차를 극복하고 결혼을 했지만 엄청난 여성 편력이 있었던 디에고 리베라는 결혼 후에도 몇 번의 불륜을 저질렀다. 급기야 프리다 칼로의 여동생과도 바람을 피워 칼로에게 너무도 큰 절망과 고통을 안겼던 사람이다. 아마도 이 그림은 남편의 배신에 대한 절망적인 감정을 드러낸 것이라고 생각된다. 그리고 그것은 남편의 '그저 몇 번 바람을 피웠을 뿐'이라는 식의 생각들로 몸의 구석구석을 난자당하는 것과도 같다는 의미일 것이다.

　너무 아픈 사랑이라면 멈추면 될 것이다. 하지만 우리 주변의 많은 사람들은 아픈 사랑도 사랑이라며 그 끝을 쉽게 결정하지 못한다. 특히 이미 결혼을 하고 아이까지 낳은 부부의 경우라면 더욱 쉽사리 결정할 수가 없는 문제다. 무엇이 맞고 틀리다로 정확히 나눌 수가 없다. 그저 선택의 문제인 것이다. 그래서 남녀 간의 문제는 당사자가 아니고서는 함부로 끼어들 수 없는 것이기도 하다. 다만 결혼한 부부에게 있어서 사랑을 더욱 돈독히 하기 위한 방법은 '사랑 초기'의 선택의 관점에서 벗어나 이제는 서로의 공간에 적응하기 위한 '사랑의 완성' 단계로 시선을 옮기는 것이다. 즉, 연애 시절 겪은 사랑의 아픔들이 성장통 같은 것이라면 결혼 안에서 사랑의 아픔은 그저 생사를 오가는 지독한 현실이 되어 있을 뿐이니 빨리 정신을 차리라는 소리이다. 취업을 위해 직장을 선택할 때는 흥미와 적성을 고려한다면, 취업을 하고 나면 얼마나 빠르게 그 직장 문화와 사람, 그리고 업무에 적응하느냐가 직장생활의 성패를 결정짓는 것처럼 결혼도 적응의 기술을 발휘해야 한다는 것이다.

어쩌면 우리가 이 책에서 다루고 있는 '감정인식, 감정이입, 대인관계력, 감정조절, 자기동기화'라는 5가지 요소의 감성지능은 선택보다 적응을 위한 기술에 더 가깝다고 할 수 있을 것이다. 부부는 갑자기 늘어난 가족을 챙기는 것이 버거울 것이고, 돈 때문에 자주 걱정을 하고, 아이들의 교육 문제로 크게 의견 대립을 하거나, 때로는 권태로운 생활을 하며, 가끔은 상대가 사라졌으면 하는 생각에 머물 때도 있을 것이다. "내가 생각한 결혼은 이런 것이 아니었다고." 를 반복하며 언제까지 투정만 부릴 것인가? 상상한 것과 다르다는 이유만으로 이것은 사랑이 아니라고 말할 수 있는가? 아니, 어쩌면 이것이 우리가 극복하고 찾아내야 하는 진짜 사랑의 모습일 것이다. 그렇게 해서 찾아낸 진짜 사랑은 분명 더 달콤하며, 그것의 지속 시간 또한 길 것이니 말이다.

　결혼 안에서 사랑이 아직은 버겁고, 여전히 아픈가? 혹은 자신의 선택과 결심에 확신이 서질 않아 괴롭기만 한가? 과감히 스스로에게 말해주자. 선택은 끝났다고, 이제 적응의 시기라고 말이다. 결혼 생활에의 희망적인 적응과 미래의 해석을 위해서는 감성지능 중에서도 조절과 동기화 능력이 배로 필요할 것이다. 그럴 때 나와 배우자에게 한번만 더 관대해져 보자. 100가지 감사는 아니더라도 10가지 감사만이라도 찾아낼 수 있다면 우리에게 닥친 한 번의 고비쯤은 잘 이겨낼 수 있을 것이다. 이렇게 우리는 진짜 사랑에 미쳐가야만 한다.

　당신의 결혼을 미친 짓으로 만들고 싶지 않다면 연애처럼 결혼에 미쳐라.

익숙한 일상,
그 사람을 낯설게 보기

1996년 노벨 문학상을 수상한 폴란드의 시인 비스와바 쉼보르스카의 시 중 〈선택의 가능성〉이라는 시가 있다. 문학상담 수업 중 이 시를 가지고 이본(異本) 쓰기, 즉 시의 내용 중 일부를 바꿔 써보는 시간이 있었다.

선택의 가능성(이본 쓰기, 손정연)

아메리카노를 더 좋아한다.

신록의 계절을 더 좋아한다.

햇살 마주하기를 더 좋아한다.

비올라와 첼로가 만들어주는 몸의 찌릿한 반응을 더 좋아한다.

카페 창가에 앉아 은빛 강물의 흘러감을 지켜보기를 더 좋아한다.

혼자 외곽 도로를 운전하며 듣는 음악을 더 좋아한다.

비 맞으며 걷기보다 비 내리는 풍경을 한없이 감상하기를 더 좋아한다.

키스보다 담백한 뽀뽀를 더 좋아한다.

잘 구성된 다이어리가 아닌 책상 위 달력의 여백에 일정 적기를 더 좋아한다.

미야자키 하야오가 표현하는 색깔의 세상을 더 좋아한다.

종이 통장보다는 동물 모양 저금통에 동전 모으기를 더 좋아한다.

만남에 있어 계산 없는 사람을 더 좋아한다.

높은 산을 오르기보다 숲길을 일정한 속도로 걷는 것을 더 좋아한다.

보이는 대로 믿기보다 가려진 진실 발견하기를 멈추지 않는 사람을 더 좋아한다.

바쁘게 움직일 때 느껴지는 역동의 에너지 보다 멈춤을 통해 채워지는 고요의 힘을 더 좋아한다.

그리고 며칠 후 나는 수업 중에 썼던 이 시를 남편에게 읽어 줬다. 남편의 반응은 의외였는데, 나는 그 덕분에 그날 밤 따뜻하면서도 간지러운 설렘의 감정을 오랜만에 느낄 수 있었다. 뭐랄까? 부부에게도 익숙하지만 낯선 서로를 느낄 수 있는 자극이 이어진다면 얼마든지 37도의 연애 감정도 가능할 것 같았다. 남편은 부끄러우면서도 놀랍다는 반응을 보였다. 10년을 함께 살며 내가 좋아하는 것들의 일부를 단편적으로만 알고 있었던 것 같다며 나에게 미안해했고, 스스로에게 부끄러워했다. 어떤 것은 자신이 이미 알고 있는 나의 모습이었고, 또 어떤 것은 생각지 못했던 부분이라고 말해줬다. 처음 연애할 때 나는 동적인 사람이라는 쪽에 좀 더 생각이 머물러 있었고 그 생각은 결혼을 유지하는 내내 크게 변화가 없었는데, 시가 말하고 있는 나는 다르다고 했다. 그런데 시가 거짓말을 한 것이 아니라 회상해 보니 내가 정적인 사람으로 조금씩 변하고 있는 것이 맞는 것 같다고 했다. 그리고 그 모습이 어딘지 모르게 굉장히 안정적이고 편안하게 느껴져서 좋다고 말해줬다.

남편의 말을 듣고 보니 시를 통해 드러나는 나는 '하기'보다는 '보기'와 '멈추기'를 더 좋아하는 것 같다. 아마도 현실에서는 바쁘게 무엇인가를 해야 하기 때문에 반대 되는 것에 대한 의지가 강하게 발동한 것 같기도 하다. 남편은 짧은 시간이지만 나의 외면과 내면, 그리고 생각과 욕구를 만날 수 있는 귀한 시간이 되었다며 무척이나 행복해했다. 그러면서 이런 멋진 사색을 해낸 시인이 고맙고 부럽다는 표현을 하기도 했다. 나 또한 남편의 꽤 진지한 피드백이 낯설었고 또 의외였기에 함께 나눈 시간이 달콤하기까지 했다.

익숙하기 때문에 새롭지 않으며, 그 새롭지 않음은 부부에게 설렘으로 작용하지 못하는 가장 큰 이유라고 말한다. 하지만 익숙함에서도 충분히 낯선 새로움을 발견할 수 있다는 것을 나는 경험했다. 그러고 보니 내가 처음 남편에게 관심을 갖기 시작했던 것도 의외의 모습 때문이었다. 간혹 코칭을 하다보면 30년을 함께 살았지만 남편 혹은 아내에게 '그런 일이 있었을 거라는 생각은 하지 못했어요.' 라고 말하는 사람들이 있다. 함께 보낸 시간이 길다는 이유로 상대방을 모두 알고 있다고 자만하지 말아야 한다. 익숙하지만 사랑 안에 머물고 싶다면 무엇인가 행동해야만 할 것이다. 앞서 사랑에 빠지는 36가지 질문을 소개한 부분이 있다. 부부끼리 무엇을 해야 할지 모르겠다면 서로에게 다양한 질문들을 해보라고 권하고 싶다. 세월과 함께 배우자의 사고 또한 깊어졌을 것이다.

우리 부부가 겪은 것처럼 배우자가 예전에 내가 알던 그 모습 그대로 멈춰있지는 않을 거란 이야기다. 이런 행동은 서로에게 신비로운 열정을 다시 경험하게 해 줄 것이며, 오래도록 관계를 유지하는데 도움을 줄 것이다.

우리가 길을 가다 마주치는 중년의 커플이 손을 잡고 걸으면 으레 '부부일까? 아닐까?'를 재미 삼아 점치곤 한다. 특히 손가락 깍지를 낀 경우는 백퍼(100%) 부부가 아니라고 호언장담하기도 한다. 그런데 요즘 남편은 내 손을 잡을 때 자주 깍지를 낀다. 나는 이것이 쉼보르스카의 '선택의 가능성'이 찾아 준 짜릿함이라고 생각하고 있다.

익숙함에서 만들어진 정서적 친밀감은 서로를 유쾌하게 만들어 주며, 진실된 관심은 처음 우리가 연애를 시작할 때처럼 설렘의 로맨스를 발견토록 해 줄 것이다.

우리에게는 그저 익숙한 나와 당신을 낯설게 보는 훈련이 필요하다.

가트맨
비율

행복한 가정을 꾸리기 위해서는 긍정적인 언어 표현에 집중할 필요가 있다. 미국의 심리학자 존 가트맨은 35년간 3,000쌍의 부부를 조사한 결과 화목한 가정은 긍정적인 대화가 부정적인 대화에 비해 5배 높았다고 한다. 이를 '가트맨 비율'이라 한다. 칭찬과 비난의 비율이 5대 1인 연인은 안정적일 가능성이 높지만 0.8대 1의 비율을 보일 경우 헤어질 위기에 처한 불안정한 연인일 가능성이 높다는 것이다. 안정적인 연인들은 상대와 함께 기뻐할 기회를 찾아 칭찬하고 감사를 표현하는 것에 집중하는 반면, 불안정한 연인들은 서로의 실수와 잘못에 집중을 하다 보니 비난의 비율이 당연히 높아질 수밖에 없는 것이다.

일반적으로 좋은 관계를 유지하는 비율이 5:1이라면 깨가 쏟아질 정도로 열정과 친밀도가 높은 관계를 만들기 위해서는 긍정과 부정의 비율이 20:1을 넘어야 한다고 한다. 그것은 습관적으로 상대방의 장점을 찾을 수 있어야 한다는 말이다.

부부를 대상으로 감성코칭 교육을 했을 때의 일이다. 나는 서로 배우자의 긍정적인 면을 20가지씩 발견해보도록 요구했다. 그 중 한 참가자는 남편에게서 발견된 장점에 '쓰레기 분리수거를 잘한다.'를 적었고, 큰 기대 없이 20가지 장점 리스트를 가족 모두에게 잘 보이도록 냉장고에 붙였다고 한다. 물론 이 남편은 그동안 쓰레기 분리수거에 그다지 많은 도움을 주지 못하는 사람이었다. 그런데 그날 저녁, 갑자기 남편이 스스로 쓰레기를 가지고 나가더라는 것이다.

"당신 어디가?" 라고 물었더니,

"저기 냉장고에 붙인 거 보니 내가 쓰레기 분리수거를 그렇게 잘한다며?" 라는 대답이 돌아왔다. 예상치 못한 남편의 말에 그녀는 즐겁게 웃을 수밖에 없었다고 했다.

보통 부부 권태기는 싸움이 잦은 5~7년차와 열정적 감정이 한풀 꺾이는 시점인 15년 전후라고 한다. 권태기와는 거리가 먼 부부관계를 유지하려면 서로에 대한 호기심과 관심을 갖는 것과 더불어 그것을 통해 상대방이 가진 매력과 장점을 발견하여 칭찬하는 것이다.

　라디오 방송을 하러 가는 길에 자주 찾는 카페가 있다. 그 곳의 한쪽 벽면에는 영화의 한 장면이 반복적으로 틀어져 있다. 소리는 빠진 상태에서 영상만이 보여 지고 있었다. 나는 잠깐 본 영상이지만 단박에 그것이 어떤 영화인지 알 수 있었다. 바로 영화 '로미오와 줄리엣'이었다. 로미오와 줄리엣은 첫 눈에 반해서 열정적인 사랑을 나누지만 끝내 서로의 가문에 대한 증오와 복수심을 내려놓지 못하고 비극적 결말을 불러온 사랑이다. 나는 우리가 꿈꾸는 사랑이 이런 비극이 아니었으면 한다.

　사랑은 이성보다 감정과 친하다. 조건과 논리, 그래프, 숫자, 통계들로 해석할 수 있는 영역이 아니라는 것이다. 용서와 화해, 이해가 있었다면 복수심에 불타오르지 않았을 것이고 어쩌면 비극은 막을 수 있었을 것이다. 그런가 하면 줄리엣이 48시간 동안만 잠들게 되는 약을 마신 것을 모르는 로미오가 진짜 독약을 마셔버린 것처럼 사랑은 두 사람 사이의 상호작용을 통해 예상치 못한 방향으로 틀어지기도, 예상한 방향대로 완성되기도 한다.

내가 느낀 감정이 무엇이든 우리는 혼자가 아닌 누군가와 함께 감정을 공유하고 나눌 때 행복감을 느낀다. 나는 타인과 감정을 나눈다는 것은 우리가 살아가면서 느낄 수 있는 가장 큰 기쁨 중 하나라고 생각한다. 하지만 누군가와 감정을 나누려면 우선 내 감정을 스스로 잘 알고 있어야만 한다. 감정에 정확한 이름을 붙일 수 있어야 하고, 그 이름에 맞는 조절 방법을 선택해야 한다. 때로는 공감하고, 때로는 감정을 거부하는 단호함도 필요할 것이다. 이렇듯 감정을 나눌 때 잊지 말아야 할 것은 혼자가 아닌 '함께' 라는 것이다. 상대방이 나와 감정을 나눌 충분한 준비가 되어 있는지, 혹시 일방적이진 않은지 살펴볼 수 있어야 한다. 그리고 사랑을 사이에 두고 관계를 맺고 있는 연인들이 나누는 것은 단순히 감정만은 아니다. 감정과 연결된 그 사람의 기억일 것이며, 그 기억은 서로에게 열정과 친밀감, 헌신이라는 사랑의 3요소를 연결시켜 줄 것이다. 감정을 나누는 것에 소홀하지 않을 수 있다면 당신은 상대방에게 좋은 연인, 또 배우자가 될 수 있을 것이다.

〈유엔미래보고서 2045〉 라는 책을 보면 2040년에는 결혼제도가 소멸할 것이며, 평균수명이 130세가 되면서 20대에 결혼을 하면 한 배우자와

100년을 살 수도 있다고 예견하고 있다. 따라서 이혼율도 높아지고 결혼하지 않고 혼자서 살아가는 나홀로족도 급증할 것이라는 예측이다. 물론 시대의 흐름에 따라 인간의 욕구라는 것은 이동하게 되어있다. 그렇다고 누군가로부터 공감과 수용을 받고 싶다는 본능까지도 흔들릴 것인지에는 의구심이 생긴다. 타인을 향한 '사랑'은 사회가 아무리 진화해도 변하지 않는 인간 고유의 본성이기 때문이다. 이 책이 당신에게 나의 사랑은 사람을 향한 것인지에 대해 물어보는 독서의 시간이었길 바란다.

　어느 날 나와 남편은 이것저것 많은 짐들을 트렁크에 가득 채우고도 모자라 차의 뒷좌석에까지 꽉 채운 상태로 캠핑을 갔던 적이 있었다. 운전을 하는 동안 차의 앞쪽과 뒤쪽 무게의 균형이 맞지 않는다는 것이 느껴졌기에 안전을 위해 속도를 최대한 줄여서 달릴 수밖에 없었다. 나는 캠핑장에 도착할 때까지 우리를 뒤따르는 차가 보일 때마다 불안하고 미안하기만 했다. 그러면서 마음속으로는 줄곧 뒤차의 운전자가 우리 차의 사정을 다 알고 있으면 좋겠다는 생각을 했다. 그러나 현실은 그러지 못할 것이라는 것도 알았다. 아마도 뒤차의 운전자 눈에는 그저 너무 느린 속도로 달리는 자동차 한 대만 보일 것이었다. 만약 우리가 눈에 보이는 일부가 아닌 전체를 볼 수 있고, 보려고 노력한다면 우리는 우리를 불안하거나 화나게 만드는 많은 것들로부터 자유로워질 수 있을 것이다.

　미국의 심리학자 아브라함 매슬로우는 그의 저서 〈존재의 심리학〉을 통해 우리가 어떤 대상을 볼 때는 특별한 목적 없이 그 본질을 보고 수용할 수 있어야 한다고 말한다. 그리고 이런 인지의 자세는 그 대상이 가지고 있는 요소들이 결정하는 것이 아니라 나의 동기가 중요하다는 것이다. 내 마음의 불안과 결핍의 동기가 발동하여 대상을 볼 경우 우리는 그것을 내 지각의 범주 내에서 범주화하고, 도식화하고, 분류하게 된다는 것이다. 나는 이러한 동기가 연인을 비롯한 인간관계에 있어서 반복적인 갈등을 유발하는 주된 이유가 될 것이라고 생각한다. 반대로 그 대상을 존재(Being) 자체로 볼 경우 우리는 그것의 전체와 본질을 볼 수 있다는 것이다. 그래서 매슬로우가 말한 존재의 인지력은 부분이 아닌 전체이고, 수단이나 목적이 아닌 존재 자체인 것이다. 이것은 연인(부부)들이 보다 깊은 사랑에 빠지게 되는 이치와 닮았다.

우리는 가끔 주변의 커플을 보면 연인을 왜 사랑하냐고, 어떤 부분이 마음에 들었냐고 물을 때가 있다. 연인의 외모가, 성격이, 취미와 취향이 내가 원하던 이상형에 가깝다고 대답하는 경우도 있지만, 일부 사람들은 "사랑에 이유가 있나요? 그 사람이라서 사랑합니다." 라고 다소 간지러운 대답을 하기도 한다. 우리가 하는 남녀 간의 사랑이 완전해지기란 어려울 것이다. 하지만 우리는 사랑을 하는 동안 우리의 사랑이 완전하기를 여전히 꿈꾸고 있다. 과연 우리는 무엇으로 완전한 사랑에 가까워질 수 있을까?

사랑은 서로를 눈멀게 한다. 그 대상을 사랑하지 않을 때보다는 사랑할 때 우리는 그 대상이 가지고 있는 내재적인 특성들을 보다 깊이 이해할 수 있다는 것이다. 관심 없는 제3자가 봤을 때에는 유치하거나 비호감적인 부분들까지도 연인의 눈으로 볼 때는 황홀하거나 유쾌하게 보일 수 있다. 그것은 어떤 특정 행동을 하는 상대를 보는 것이 아니라 그 사람이 가지고 있는 고유의 가치를 이해하고 인정한 후 그 사람의 행동을 보기 때문이다. 결국 사랑은 그 대상에 몰입할 수 있게 만들며 관심을 가지고 열중할 수 있게 만든다. 그것은 연인(부부) 간에 있어 다른 사람들은 볼 수 없었던 그 사람만의 고유 잠재력을 볼 수 있게 하는 힘이 되어 준다. 그러니 우리가 완전한 사랑을 위해 가져야 할 것은 바로 다름 아닌 하나의 존재로서 그와 그녀를 볼 수 있는 '관심과 사랑의 눈'일 것이다.

나는 이번 책의 많은 부분을 정동길에 있는 한 카페에서 작업했다. 그 곳의 2층은 사색을 하기에 더없이 좋은 곳이었고 짙은 녹색의 잎이 돋아난 은행나무는 커다란 통창문을 심심하지 않게 채워주고 있었다. 이어폰을 끼고 첼로로 연주되는 슈베르트의 아베마리아를 듣고 있다 보면 어느새 내 젊은 날 함께 했던 사랑과 이별의 기억들과 만날 수 있었다.

글을 쓰고 난 후 지하철역으로 가는 길의 모퉁이에서 작곡가 이영훈을 추모하기 위해 만들어진 추모상을 볼 수 있었다. 나는 예전부터 오래토록 이영훈이 쓴 노랫말을 참 좋아했다. 그리고 언젠가는 그처럼 가슴을 촉촉하게 적셔주는 그런 글을 쓰고 싶다는 바람을 가지고 있다. 그 때문인지 나는 나의 글과 감성을 정동길에서부터 시작하고 싶었는지도 모르겠다.

그곳의 초록 은행잎이 노랗게 물들어 바닥에 수북이 쌓일 때쯤 독자들은 이 글을 볼 수 있을 것이다. 연인과 손을 잡고 걷다 무심결에 들른 2층에서 따뜻한 커피 한 잔을 마시길 추천한다. 혹은 사색하듯 이 길을 따라 걷는 시간을 통해 아프게 이별한 사랑에 예를 표해보는 것도 좋으리라 생각한다.

마지막으로 글을 쓰는 동안 육아와 가사, 처리해야 할 많은 것들에 있어 배려와 지지를 아끼지 않았던 나의 사랑하는 남편과 엄마, 그리고 딸 하윤에게 고마움을 전하며 글을 마친다.